新版　子規への溯行

大辻隆弘

現代短歌社選書

新版　子規への溯行

目次

I

私《わたくし》というパラダイム
――正岡子規における文体の問題

短歌における〈私性〉というのは、作品の背後に一人の人の――そう、ただ一人だけの人の顔が見えるということです。そしてそれに尽きます。そういう一人の人物（それが即作者である場合もそうでない場合もあることは、前に注記しましたが）を予想することなくしては、この定型短詩は、表現として自立できないのです。

（岡井隆「私文学としての短歌」『現代短歌入門』[1]）

短歌における「私」とはなにか。その問題を考えるとき避けては通れないこの規定は、それ以前の「私」論とは、ある一点で決定的に異なっていると思われる。それは、この岡井の「私性」の規定が作品を読む立場から、すなわち読者の立場から定義されているという点である。それ以前の「私」論が、主として作者の側の主体性を問題にしていたのに対して、この岡井の規定は、短歌の「私」の問題をむしろ読み手の側から考えようとしている。岡井はこの規定によって、短歌における「私」の問題を読者論的なフィールドで考える可能性を開いたのである。

岡井の言をまつまでもなく、たしかに私たちは一首の歌を読むとき、その背後に「一人の人物」を想定する。一首の背後に一人の人の顔が見える。私たちがいまや自明のものとしているそんな作品の〈読み〉はいったいいつごろ誕生したものなのか。

たとえば、明治時代末期には次のような一文が現れてきている。


私は曾て晶子女史の『佐保姫』を評して『佐保姫』には歌ばかり書いてある、晶子といふ人は出てゐないと言つたことがある。既往同氏の作られた歌は何百或は何千首かあるであらうが、夫等《それら》のうち一首々々は皆誰が作つた所で差支へのない歌が多い。晶子といふ人間、唯一絶対の或一生命とは殆んど何等の関係が無い、極めて普遍的に遊離した、雲の様な歌が多い。歌としてはそれは如何にも美しいのがあり、をかしいのがある。けれ共不幸にして我等はたゞ眼さきをのみ刺戟せられて終る事が多い。歌を見て歌にのみ読者の感じの留る事を私は歓ばぬ。歌をば唯だ一種の方便として、その奥に作者の影が、否な作者そのものが一杯に動いて居るのを以て満足とする。歌そのものを見るのは私のねがひではない、歌を透してその作者の生命を見む事が私の希望の全てである。

（若山牧水「所謂スバル派の歌を評す」「創作」明43・3）(2)

ここでは、歌はそれ自体で自立した美しさを持つものとは考えられていない。読者・牧水の興味は、歌そのものの美的要素に向けられるのではない。「歌を透してその作者の生命を見む事」が読者・牧水の希望のすべてなのである。歌は、ここでは、作者の生命を読者に過不足なく伝えるための無色透明な「方便」であることが要求されている。

明治四十年代に書かれたこの牧水の文章のなかにはすでに、一首の背後に「作者個人」という「一人の人の顔」を読み込む、という作品の読み方が確立されている。この牧水の発言によってもわかるように、現在の私たちにまで脈々として受け継がれた作品の読み方の起源は、実はすでに明治後半というこの時代のなかで確実に成熟しつつあったのである。

思うに、一首の奥に一人の人物「作者」を見る、という作品の読み方は、日本文学における「近代」の問題と不可分に結びついている。したがって、この問題を短詩型文学における「近代」の問題を問い直すことによって考察し直すことはあながち無意味ではあるまい。短詩型文学における「近代」の意味を問い直すとき、そこには否応もなく一人の改革者・正岡子規の姿がうかびあがってくる。

1

日本近代文学の成立に言文一致運動が大きな役割を果たした事は衆目の一致するところだろう。その言文一致運動は明治二十年、二葉亭四迷の『浮雲』第一篇の出版によってその最初のピークを迎えることになる。

当時一高の学生であった正岡子規は、二葉亭四迷の『浮雲』が発表されたときの感想を、当時書き綴っていた『筆まか勢』に「浮雲出づるに及んで言文一致の新趣向を取りたれば目さき変りて余程面白く感じたりし(3)」と記す。思うに、ひそかに小説をこころざしつつあった二十代初頭の子規にとって、二葉亭たちの言文一致体による新鮮な表現はきわめて刺激的だったに違いない。読本や人情本ばかり読んでいた子規が、二葉亭の文体を「余程面白く感じた」のも無理はないことであろう。

しかしながら、子規はただちに言文一致に走ろうとはしなかった。彼はその翌々年、『筆まか勢』のなかで、言文一致体の冗長さに対する批判とともに、言文一致体の本質に関わる以下のような注目すべき批判を行っている。

彼（大辻注・言文一致論者）或は駁していはん「なり」の代りに「です」を用ゆれば両方共に

二字二音なれば差支なかるべしと固より然り、然れども「です」なる言葉は礼儀上の言葉にて比較上の言葉なり　若シ通例の人に向つて書く小説の地に「です」といふ字を書くならば上等の人の為に書く小説には「でございます」と書き　目下なる者の為メに書く時は「だ」と書かねばならぬ割合也　若シそれにかまわ《ママ》ず常に「です」とか「だ」とかいふ言葉を用ゐなば　お《ママ》かしく聞ゆる也　何となれば上等或は上目の人が読んで無礼を怒ることあるべく下等或は下目の人が見て余り丁寧なるを嘲ることあらん、蓋し地の文に礼儀上の言葉を用ゆれば　其礼儀は著者が読者に対しての礼儀と見なさゞるを得ざるがため也　それよりは礼儀を抜いた言葉《アブストラクト》（「なり」の如き）を用ゆれば誰が読んでも礼儀の考を起さざるが故に大に心よかるべし

（正岡子規「言文一致の利害」『筆まか勢』明22）(4)

ここで子規は、「です」「ございます」「だ」といった日本語の文末詞が必然的に合意してしまう聞き手への「礼儀」の問題に言及している。日本語のような膠着語では、文末におかれた言葉（文末詞）が、話し手の聞き手に対する関係を規定してしまう。改めていうまでもなく、「です」は聞き手に対する丁寧の感情を、「ございます」は自己より目上の者に対する謙譲の感情を、「だ」は自己より目下の者に対する感情をあらわす文末詞である。これらの文末詞は、話し手と聞き手の「礼儀上の」上下関係によって決定されてしまう広義の敬語である、と言う

ことができる。したがって、このような口語的な文末詞を文末に使用すると、その記述は必然的にある社会的な階層の人々を読者として想定してしまうことになる。言文一致体が内包してしまう読者との階級的な関係性。その弊害を自覚したうえで、子規は、「誰が読んでも礼儀の考を起さ」ない文体、階級的な関係性を排除した透明で「アブストラクトな言葉」の使用を訴えるのである。

当時の言文一致体に対して子規が直観的に感じたこの困難は、実は二葉亭四迷ら言文一致運動の推進者自身が、痛切に感じていた困難でもあった。二葉亭四迷は、自らが直面したこの困難を以下のような形で回想している。

で、雅俗折衷の文などは書けないから、何でも思ふことが楽に書けるやうにといふ訳から、言文一致でやり始めた。処が口語となるとどうも、磨かれてゐない、言はゞ粗削りの語《ことば》が多くて、やゝもすれば、粗雑で冗長《だらなが》くなりたがる。例へば「恁《(か)》うしたもんだから、それだから」といつたやうな調子だ。これでは為方がない。尤も対話ならば、人物の活躍が主だから、場合によつてはそれも宜からうが地の文がそれでは仕様がない。で、私は何うとかして基弊を救はなければならぬと思つた。

（二葉亭四迷「文談五則」明40[5]）

ここで二葉亭は、子規が指摘した「地の文に礼儀上の言葉を用ゆ」る困難に出会っている。二葉亭の「余が言文一致の由来」（明39）によれば、『浮雲』第一編における彼の言文一致体は、「円朝の落語通りに書いて見たら何うか[6]」という坪内逍遙のアドバイスによって成立した「東京弁の作物」である。山田美妙が採用した「です・ます」調が、作者と同等ないしは作者より目上の社会的階級の聞き手を想定した文体であったように、円朝の語り口を基調とした二葉亭の「東京弁」の言文一致体は、聴衆としての町人階級の聞き手を必然的に想定してしまうような文体であった。その「東京弁」の文体が、作中人物の「対話」（会話文）のなかに用いられるなら問題はない。しかしながらそれが、情景や登場人物の説明を行う「地の文」に用いられると、その叙述は客観性を失ってしまう。

たとえば、『浮雲』第一編は以下のような地の文で始まっている。

千早振《ちはやふ》る神無月も最早《もはや》跡二日の余波《なごり》となッた廿八日の午後三時頃に、神田見附《かんだみつけ》の内より、塗《と》渡《わた》る蟻、散る蜘蛛の子とうよ〳〵ぞよ〳〵沸出でゝ来るのは、孰《いづ》れも顋《おとがひ》を気にし給ふ方々。しかし孰々《つら〳〵》見《み》て篤《とく》と点検すると、是れにも種々《さま〴〵》種類のあるもので、まづ髭から書立てれば、口髭、頬髯、顋《あご》の鬚、暴《やけ》に興起《おや》した拿破崙髭《なぽれをんひげ》に、狆《ちん》の口めいた比斯馬克髭《びすまるくひげ》、そのほか矮鶏髭《ちゃぼひげ》、貉髭《むじなひげ》、ありやなしやの幻の髭と、濃くも淡《うす》くもいろ〳〵に生分《はえわか》る。（中略）是れより降《くだ》つては、背皺よると枕詞《まくらことば》の付く「スコッチ」の背広にゴリ〳〵するほどの牛の毛皮靴、そこで踵にお飾を絶《たや》さぬ所から泥に尾を曳く亀甲洋袴《かめのこづぼん》、いづれも釣《つる》しんぼうの苦患《くげん》を今に脱せぬ貌付《かほつき》、デモ持主は得意なもので、髭あり服あり我また奚《なに》をか覓《もと》めんと済《すま》した顔色《がんしょく》で、火をくれた木頭《もくづ》と反身《そつくりかへ》ッてお帰り遊ばす、イヤお羨しいことだ。其後《あと》より続いて出てお出でなさるは孰《いづ》れも胡麻塩頭、弓と曲げても張の弱い腰に無残や空《から》弁当を振垂《ぶらさ》げてヨタ〳〵もので お帰りなさる。さては老朽しても流石《さすが》はまだ職に堪へるものか、しかし日本服でも勤められるお手軽なお身の上、さりとはまたお気の毒な。

（二葉亭四迷「ア、ラ怪しの人の挙動」『浮雲』第一編・傍線大辻[7]）

現在の感覚でこの文章を読むとき、私たちが強烈に感じるのはこの文章そのものを私たちに向かって語りかける語り手（ナレーター）の存在であろう。それは、この文章の文体そのものからかもし出されてくるものである。「気にし給ふ方々」「お帰り遊ばす」「出てお出でなさる」といった作中の登場人物に対する侮蔑的な敬語の使用、「しかし孰々見て篤と点検すると」「イヤお羨しいことだ」「さりとはまたお気の毒な」といった状況を観察している語り手の直接的な感想・解釈。これらはまさしく聴衆を前にした落語家の語り口を私たちに思い起こさせる。

語り手の地の文への介入はなにもこれだけに留まらない。『浮雲』第一編のなかには、「之を記す前に、チヨッピリ孫兵衛の長女お勢《せい》の小伝を伺いませう(8)」といった、語り手がその後のストーリーの水先案内をつとめる場面や、「一所《いっしょ》に這入ッて見よう(9)」というように、語り手が読者とともに作中人物を覗き見しようとする場面さえあるのである。

このような現象は、まさしく聴衆を意識した二葉亭の言文一致体の文体の機能によって引き起こされたものである。地の文にあらわれたこのような聴衆との関係性をもった文体の機能によって、読者である私たちは、作品で叙述されている内容を語り手の「語り」を通じて読み取らざるを得なくなる。作者が描こうとする状況と、読者である私たちの間に介入する語り手の存在。階級的な関係性を内包した初期の言文一致体は、地の文のなかにこのような語り手を成立させてしまわざるを得なかった。その語り手の介在によって、作者の読者に対するメッセージはダイレクトに伝わらなくなってしまうのである。

小森陽一によれば、二葉亭は『浮雲』第一編におけるこのような語り手の存在を、関係性を無化した文末詞「た」を用いることによって次第次第に消去していった、という(10)。二葉亭四迷は、階級的な関係性を内包した文末詞を自己の文章から排除し、その文体によって成立していた語り手を排除することをみずからの課題とした。階級的な関係性を内包した文末詞を排除し、あらゆる階級的な関係性からニュートラルな立場にある文末詞「た」を利用することによって、彼は彼の目的であった「成るべく平易にして主張の透徹すべき文体」を創出しようとしたのでである。

若い子規が批判し、二葉亭四迷を始めとする言文一致論者が逡巡したのは、実は、作者と読者のダイレクトな結びつきを阻害してしまうこのような語り手の存在であった。作者のメッセージが読者にダイレクトに伝わり、読者が作品の背後に「作者」自身の声を感じとるためには、文体が内包する関係性が無化され、「礼儀」から解放されたアブストラクトな文体を確立することが必要不可欠だったのである。若い子規が反感を抱きながら大きな影響をうけた言文一致運動は、つまるところ、そういった透明な文体を獲得するための闘いだった、といえよう。若い子規が待ち望んだのは自分の内面を読者に直接的に伝えるための透明な文体の確立であった。

2

しかしながら、正岡子規が小説や文章のなかで実現しようとした「文体が孕む関係性の排除・透明な文体の確立」という課題は、単に小説・文章のフィールドのなかでのみ達成されるべき課題であったのだろうか。

明治三十一年、正岡子規は新聞「日本」に「歌よみに与ふる書」を発表し、和歌の革新に乗り出す。彼は自分の和歌革新のプランを次のように記す。

此腐敗（大辻注・和歌の腐敗）と申すは趣向の変化せざるが原因にて、又趣向の変化せざるは用語の少きが原因と被存候。故に趣向の変化を望まば是非とも用語の区域を広くせざるべからず、用語多くなれば従つて趣向も変化可致候。ある人が生を目して和歌の区域を狭くする者と申し候は誤解にて少しにても広くするが生の目的に御座候。

（正岡子規「七たび歌よみに与ふる書」明31[11]）

この文章でもわかる通り、子規が考えた「和歌の腐敗」は、まずもって歌に用いられている「用語」の問題として考えられている。したがって、その和歌革新の基本的な戦略となったのは、俗語・漢語・外来語などのあらたな用語を和歌の世界へ導入することであった。その用語の拡大によって、彼は陳腐化した和歌の「趣向」を変化させようとしたのである。

しかしながら、彼はなぜこのような戦略をとったのであろうか。彼にとって、和歌における「用語の拡大」は具体的にはどのような意味をもっていたのだろうか。子規は、源実朝の「武士《もののふ》の矢並つくろふ小手の上に霰たはしる那須の篠原」という歌について次のようにいう。

普通に歌はなり、けり、らん、かな、けれ抔の如き助辞を以て斡旋せらるゝにて名詞の少きが常なるに、此歌に限りては名詞極めて多く「てにをは」は「の」の字三、「に」の字一、二個の動詞も現在になり（動詞の最短き形）居候。此の如く必要なる材料を以て充実したる歌は実に少く候。

（正岡子規「八たび歌よみに与ふる書」(12)）

ここで子規は実朝の歌が「充実したる歌」であるといい、その原因を名詞が多いという点に見出している。ここに「用語の拡大」という子規の戦略が本当は何であったか、という問いを解く鍵があろう。彼は、歌における名詞を重視し、「なり、けり、らん、かな」といった常套的な「助辞」（助詞・助動詞）を和歌の文体から排除しようとしている。ここで子規は、「助辞を以て斡旋せらるゝにて名詞の少きが常なる」従来の和歌的文体を批判しているのである。

正岡子規が和歌の文体の弱点を「助辞」の多用のなかに見ていたことは、島崎藤村の『若菜集』を批判した次のような文章のなかからも伺うことができる。

（藤村の詩は）一句名詞を以て終る者極めて少し、故に孱弱《せんじやく》なり。句中にてには助字多きも亦孱弱ならしむる所以なり。宋詩の唐詩に及ばざるもこれが為なり、和歌の俳句に如かざるもこれが為なり。集中

芙蓉を前の身とすれば泪は秋の花の露

君から紅の花は散りわれ命あり八重葎

の如き句なきに非るもそは極めて稀なり。巻を拡げて一見するも天馬の詩（大辻注・『若菜集』のなかの詩）は字の密なるを覚ゆ。是れ漢字多きが為にして、漢字多きは名詞多くてには少きを證す。天馬の句法最もしまりたるは此故なり。

（正岡子規「若菜集の詩と画」明30[13]）

新体詩について書かれた文章であるが、私たちはここにも和歌的文体に対する子規の批判意識を見ることができよう。子規は、『若菜集』の文体と和歌的文体に共通する弱点を、助字（助辞・てには）に寄り掛かる過剰な感情の表現のなかに見出す。そのような弱点ゆえに和歌は「俳句に如かざる」のである。彼が『若菜集』のなかの「天馬」を肯定的に評価した理由は、それが名詞を多用しているからであり、星菫派的な和歌的叙情をもった他の詩にはない句法の「しまり」を持っていたからである。「名詞多くてには少き」句法は子規が求めていた新たな和歌的文体でもあった。

これらの文章を読んでゆくとき、私たちは子規のいう「用語の拡大」が、実は和歌における名詞の重視であったことに気づく。先の文章の「用語の区域を広くせざるべからず」という彼の言葉は、実は、和歌的文体のなかで名詞を対象に使用する、という意味にほかならない。一般的にいえば、名詞は対象に対する強固で一元的な指示性をもつ品詞であり、読者の心のなかに明確な映像を喚起する品詞である。「用語の拡大」という彼の方法は、名詞のもつ一元的な指示性・映像喚起力によって、助辞を多用する旧来の和歌的な文体を改革しよう、という戦略にほかならなかったのである。

「名詞の重視・過剰な助辞の排除」という、このような子規のラディカルな戦略のなかに、私たちは、「文体が孕む関係性の排除・透明な文体の確立」という先に見た子規の基本的モチーフを伺うことができるように思われる。助詞・助動詞（助辞・助字）は、現実の事象を話者の意識のなかで主観的に認識し、その主観的な認識を聞き手に伝達する、という働きをもつ品詞である。したがって、一首のなかで助辞が支配的な形で使用されるとき、その一首は否応なく読者に対するある関係性を孕んでしまう。先に見たように子規は、言文一致運動に対する批判文において語り手を存在させてしまうような言文一致の文体を否定した。それと同じように彼が和歌において排除しようとしたのは、一首内の意味性以外に、言外の意味性を読者に伝達してしまうような助辞中心の文体であった、といえよう。

彼は、助辞の過剰な働きを批判するための術語として「理窟」という言葉を使う。この「理窟」という術語で彼が批判しようとしているのは、助辞の支配的な機能によって一首内の叙述が言外の意味性を孕んでしまう、という事態である。彼は「も」という助辞に対して次のようにいう。

「も」の字にも種類ありて「桜の影を踏む人もなし」「人も来ず春行く庭の」「屍をさむる人もなし」などいへる「も」は殆ど意味無き「も」にて「人なし」「人来ず」といへると大差なければ理窟をば含まず、又「梅咲きぬ鮎ものぼりぬ」の「も」は梅と鮎とを相並べていふ者なればこれも理窟には相成不申候。実朝の「四方《よも》の獣《けだもの》すらだにも」は稍理窟めきて聞ゆる「も」にて「老い行く鷹の羽ばたきもせず」「あら鷹も君が御鳥屋に」の二つは稍之に似たる者に有之候。其理窟めきて聞ゆるは二事二物を相対して言ふ意味ながら一事一物をのみ現し他を略したるが為にして、例へば獣だに子を思ふといふは況して人は子を思ふといふことを含み、羽ばたきもせずといふは況して飛び去らんともせずといふことを含み、あら鷹もといふは其外の鷹もといふ意を含むが如き者に候。

（正岡子規「あきまろに答ふ」明31）[14]

「桜の影を踏む人もなし」などに用いられる「も」は、その一首内に登場してくる「人」以外のものを暗示しないから「理窟」ではない。それに対して、実朝の「物いはぬ四方の獣すらだにもあはれなるかなや親の子を思ふ」の「も」は、「獣が子を思う」という一首の内容以外に「獣さえ子を思うのだから、ましてや人は子を思わない訳はない」という意味を読者に想定させてしまうから、「理窟めきて」いる……。一首の文体の中における助辞の機能に注目した彼の明快な論旨のなかに、私たちは作者と読者のあいだに記述されたメッセージ以外のものの介入を許すまいとする、子規の志向を読み取ることができよう。

同様に子規は次のようにもいう。

又、同人（大辻注・八田知紀）の歌にかありけん

　うつせみの我世の限り見るべきは
　　嵐の山の桜なりけり

といふが有之候由さて〳〵驚き入つたる理窟的の歌にては候よ。嵐山の桜のうつくしいと申すは無論客観的の事なるにそれを此歌は理窟的に現したり、此歌の句法は全体理窟的の趣向の時に用うべき者にして、此趣向の如く客観的にいはざるべからざる処に用ゐたるは大俗のしわざと相見え候。「べきは」と係《か》けて「なりけり」と結びたるが最理窟的殺風景の処に有之候。

（正岡子規「四たび歌よみに与ふる書」明31[15]）

「～べきは～なりけり」という助辞による文体によって読者は、「嵐山の桜が美しい」という内容以外に作者の思わせぶりな謎掛けの意図を感じてしまう。子規が「最理窟的殺風景の処」として非難するのは、この一首のように、助辞による強引な語の斡旋によって一首の内容が理論的な因果性をはらんで混濁してしまう、という事態である。私たちはここでも、文体そのも

のが孕んでしまう言外の意味性に対する子規の批判を感じとることができる。一首が、文体の機能によって、作者のメッセージ以上の意味内容を孕んでしまう。言文一致体において、語り手の存在が、作者と読者の一元的な結びつきを阻害していたように、和歌においては、助辞を中心とする文体が、作者と読者の一元的な結びつきを阻害してしまいがちである……。おそらく子規はそう考えていたに違いない。子規が和歌革新においてなし遂げようとしたのは、そのような多元的な関係性をはらむ和歌的文体を、一元的な指示性・映像喚起力をもつ名詞を多用することによって変革し、作者と読者をダイレクトに結ぶことであった。

このように考えてゆくとき私たちは、「透明な文体の確立」という若い子規が抱いた課題が、子規の和歌革新の核心をもつらぬく課題であった、ということに気づく。二葉亭四迷ら言文一致論者たちと同様に、子規もまた「近代」の入口で、「透明な文体」の確立という課題と悪戦苦闘していたということができよう。

3

助辞の支配的な働きによって成立する旧来の和歌的文体。その文体を解体しようとする子規の試みは、当然、和歌的文体に支えられた古今集的な発想や、古今集的な歌の〈読み〉の枠組みを否定することにつながってゆくだろう。子規の古今批判の対象となるのは、たとえば紀貫之の次のような歌である。

雪の降りけるをよめる

霞たち木の芽もはるの雪ふれば花なき里も花ぞちりける　（古今集・春・九）

貫之の歌風を代表するこの歌には、「春の雪が降る」という眼前の情景や作者の心情を表現するために、序詞・掛詞・縁語・見立てなどさまざまな和歌的修辞が使われている。子規の批判の論点を明らかにするために、まずそれらの和歌的修辞を箇条書きにしておこう。

①…第一句・第二句「霞たち木の芽も」は、第三句の「はる」を導き出す序詞である。

②…第三句の「はる」は掛詞であり、それには「春」と「張る」（芽や根がのびること）の意味が掛けられている。この場合「張る」は、「霞たち木の芽も」の縁語となっている。

③…したがって、「霞たち木の芽もはる」という序詞は、「春霞が立ち、木の芽がふくらんでゆく」という、やがて来たるべき春の実景を聞き手に想像させる序詞である、といえる。

④…第三句以下は、桜の花が咲いていない早春の里に雪が降っている情景を歌ったものだと考えることができる。したがって、「花ぞちりける」の「花」は、現実に咲いている桜

ではなく、眼前に降る雪を作者が桜の落花に見立てたものだといえる。
和歌的文体の働きによって成立するこのような和歌的な修辞を、子規は次のように批判する。

　霞たちこのめもはるの雪ふれば花なき里も花ぞちりける
亦理窟なり。「花なき里に《ママ》」とことわりたる理窟加減は一通りの理窟に非ず。これに加ふるに「霞たちこのめもはるの」といふ言葉のいやさと、縁語のいやさとありて、鼻もちもならぬ歌となり了りたり。
（正岡子規「歌話」明32[16]）

ここで子規が行っているのは、①から④までの和歌的な修辞に対する完全な否定である。彼は、「花」という言葉が雪の「見立て」である、ということを読者に想像させる第四句を「理窟」として否定する。さらに、やがて来たるべき春の情景を読者に想像させる「霞たち木の芽もはるの」という序詞と、その序詞を成立させる「張る」という縁語を否定する。当然のことながら、それには、「春」と「張る」という意味を同時に持つ掛詞「はる」への否定も含まれているに違いない。
「はる」という言葉のなかに「春」と「張る」の意味を掛けること。降る雪を「花」に見立てること。さらに、序詞という和歌的な文体の作用によって、現実の雪の風景のなかに来たるべき春の情景を暗示すること。それらは、ひとつの言葉のなかに多層的なイメージを孕ませようとする広い意味での「喩」であろう。三枝昂之は、子規の和歌革新の基本的なモチーフをこのような「〈喩〉表現の排除」のなかに見出している。[17]雪の風景という対象のイメージを一元的なかたちで読者の胸中に浮かび上がらせるのではなく、それを来たるべき春の情景とともに浮かび上がらせてしまうこと。子規の古今集批判に一貫しているのは、古今的な和歌の文体が持つ、そんなイメージの多重性への批判であった。

しかしながら、子規はなぜそこまで古今集におけるイメージの多重性を批判したのであろうか。

総て和歌俳句詩などが人を感動せしむる事は必ずしも其和歌などの善きがためにあらずして、相手（感動する人）と其の場合とに因る者なり。相手が極めて趣味低き者ならんには趣味低き歌は之を感動せしむる事あるべきも趣味高き歌は却て之を感動せしむる能はず。

（正岡子規「人々に答ふ」明31[18]）

試みに今日の歌人には如何なる人かなると尋ぬるに先づ

国学者　神官　公卿　貴女　女学生　少し文字ある才子　高位高官を得たる新紳士　我歌を書籍雑誌の中に印刷して見たき少年の如き者なりけるぞうたてしや。

（正岡子規「文界八つあたり」明26[19]）

和歌は長く上等社会にのみ行はれたるが為に腐敗し、俳句は兎角下等社会に行はれ易かりしため腐敗せり。

（正岡子規「人々に答ふ」明31[20]）

私たちはこのような文章の中に、和歌の〈読み〉に対する子規の意識を読み取ることができるだろう。和歌・俳句・詩などの短詩型文学が人々を感動させるのは、その作品の純粋な文学的価値によるものではなく「相手」や「場合」という相対的な関係による。そして、そのような作品を作り読んでいるのは、「国学者　神官　公卿　貴女」といった「上等社会」に属している人々である……。ここで子規が批判しているのは、貴族社会・上流社会といった封建主義的な階級性によって成立している〈読み〉の共同体である、といってよい。

いうまでもなく、掛詞・縁語・見立てといった和歌的な修辞は、作者と読者が、共通の〈読み〉の約束を共有することによって成立している。作者貫之が「はる」という掛詞を和歌のなかに使用する。「はる」という言葉を読んで、読者は古歌における「はる」の用法を思い出し、

「はる」は「春」と同時に「木の芽が張る」という意味を含んでいるという〈読み〉の約束を思い出す。それによって読者は、霞がかった空のもとで木々の芽がふくらむ、という清新なイメージを感じとり、そのイメージの中で「春」を具体的に感受することができるようになる。多重的なイメージをつくり出す掛詞という和歌的な修辞法は、そのような読者の〈読み〉を作者が予想し信頼することによって成立する技法だといってよい。

その事情は第四句の表現でも同様であろう。読者は歌に登場する「花」という言葉を読んで、花を雪に見立てた古歌の蓄積を思い出す。雪の風景を詠んだ歌に出てくる「花」は雪の暗示である、という〈読み〉の約束に従ってこの「見立て」を理解する。そうすることによってはじめて、読者は、雪を花に見立てざるを得ない作者の心情や、やがて来たるべき春を待ちわびる作者の心情を、みずからのものとして追体験するのである。作者の側からいうなら、作者の貫之は、そのような読者の〈読み〉を信頼して、「花」という見立てのなかに自らの「春を待つこころ」を託しているといってよい。

雪の情景を歌った貫之の歌のなかに、来たるべき春の情景を思い浮かべる、という多層的な〈読み〉は、このように、目の前の歌を膨大な古歌の用例や和歌的な常識とひきくらべたうえで成立する〈読み〉である。そしてそれは、〈読み〉の約束を共有している共同体に支えられている。子規が批判した明治時代の歌壇はまさしく、古今的な約束を共有する〈読み〉の共同体であった。それはまた、「上等社会」という封建主義的な階級性によって堅固に基礎づけられていた。

このように考えてゆくと、子規の古今集批判の本当の意図がよりいっそう明らかになってくるように思われる。従来の和歌的な約束の中では、古今集の文体や句法は読者の多層的な〈読み〉を誘引する符牒としての働きを持っている。その意味で、和歌的文体は、「上等社会」という社会的な階級に差し向けられた文体であり、階級的な関係性を自らのうちに含んだ文体であった、といってよい。文体そのものが孕んでしまう階級的な関係性。「ございます」「です」といった文末詞を否定したように、正岡子規は和歌革新においても階級的な関係性を含んだ文体を否定しようとしていたのである。

私たちはここに子規と「近代」の関係を見てもよいのかもしれない。言文一致運動と子規の和歌改革に共通する「文体が孕む関係性の排除」という課題は、封建的な社会構造のうえに立ちながら、それと対峙していかなければならなかった日本文学における「近代」を端的に表している。子規は次のようにいう。

要するに今日和歌といふもの丶価値を回復せんとならば所謂歌人（即ち愚痴なる国学者と野心ある名利家）の手を離して之を真成詩人の手に渡すの一策あるのみ。

歌は平等無差別なり、歌の上に老少も貴賤も無之候。歌よまんとする少年あらば老人抔にかまはず勝手に歌を詠むが善かるべくと御伝言可被下候。

（正岡子規「文界八つあたり」明26[21]）

吾等は和歌俳句の堂上に行はるゝを望まず、和歌俳句の俗間にて作らるゝを望まず。和歌俳句は長く文学者の間に作られん事を望むなり。

（正岡子規「十たび歌よみに与ふる書」明31[22]）

（正岡子規「人々に答ふ」明31[23]）

子規が初期から一貫して主張するのは、和歌を「堂上」という階級から解放する事であり、俳句を「俗間」という階級から解放することである。俳句・和歌を社会的な階級性から解放し「真成詩人」「文学者」の手に手渡すこと、つまり、俳句・和歌を日本の文学の一ジャンルとして確立すること。そこに子規の夢があったといえる。

だが、そのような理想が成立する背後には、社会的な平等が確立された成熟した近代社会という理念が必要であった。「歌は平等無差別なり、歌の上に老少も貴賤も無之候」。明治維新の「四民平等」という、擬制的な社会的平等の理念があってはじめて、和歌を階級的な関係性から解放するという子規の構想が、現実味を帯び意味をもつものになり得たのである。
しかしながら、社会的平等が実現された近代社会という理念は、子規の場合、すぐさまナショナリズムの問題と直結してしまう。

従来の和歌を以て日本文学の基礎とし城壁と為さんとするは弓矢剣槍《けんさう》を以て戦はんとすると同じ事にて明治時代に行はるべき事にては無之候。今日軍艦を購《あがな》ひ大砲を購ひ巨額の金を外国に出すも畢竟日本国を固むるに外ならず、されば僅少の金額にて購ひ得べき外国の文学思想抔は続々輸入して日本文学の城壁を固めたく存候。生は和歌に就きても旧思想を破壊して新思想を注文するの考にて随つて用語は雅語俗語漢語洋語必要次第用うる積りに候。

（正岡子規「六たび歌よみに与ふる書」明31[24]）

「近代」が生み出した社会的平等という理念。和歌を日本の文学として自立させようとしていた子規にとって、その理念は和歌を階級性から解放するための必要不可欠な理念だった。しかしながら、そのような子規にとって、その理念は、結果的には「日本文学の城壁を固め」るための一方策として位置づけられてしまう。社会的平等という理念が支えるナショナリズム。子規の内部にあったのは、そのような近代的な社会理念とナショナリズムの錯綜した関係である。それは、何も子規一人のみにかかわる問題ではなく、明治という日本の「近代」の本質とかかわる問題でもあった。

4

「文体が孕む関係性の排除・透明な文体の確立」という子規の戦略は、先に見たように、古歌の集積と封建的な階級性に裏づけられた〈読み〉の共同体を解体する可能性を孕んでいた。それはいいかえるなら、子規の手による古今的な〈読み〉の枠組みの変換であったともいえる。では、古今的な〈読み〉の枠組みにかわって子規が提示しようとしたのはどのようなものであったのだろうか。子規の歌評を丹念に読んでゆくと、私たちは子規の歌の〈読み〉を端的に示している次のような言葉にしばしば出くわす。

めさまし草巻の十に歌評（槇園のあるじ）あり。其評する所多く吾が見る所に違へるを以て左に之を駁す。（文法上の事は諭せす）

白雲は峰をつゝみて鶯の声より外の声なかりけり　信綱

尋ねつる宿は霞にうづもれて谷の鶯一声ぞする　範永

前者を貶《けな》したるは吾も同感なり。後者を褒めたるは何の意ぞ。前者後者共に同様の欠点あり何ぞ一を掲げ他を抑ふるの理あらんや。白雲が峯を包むとか宿が霞にうづもるとかいふは遠くより見たる景色にして、鶯の声を聞くとは最も身に近き処を言ひたるなり。此の如く遠近を一つに詠みたる嘘の歌はいかで人の感情を惹き起すべき。

（正岡子規「文学」「日本人」第31号・明29(25)）

かへり見る高根の夕日影消えて山駕《かご》寒く散る木の葉かな　（秀眞）

右一首、一応は取りたれど実は分らぬ歌なり。此歌にて、駕は動いて居るか休んで居るか、作者は駕の中にあるか外にあるか、の二つの疑問あり。若し駕に乗り居る者とすれば「かへり見る」といふも無理のやうに思はれ、又「山駕寒く散る木の葉」といふも余所《よそみ》見に見た形容のやうに思はれて面白からず。若し作者は駕の外にありて高根と駕とを見たる者とすれば、今度は作者と駕と高根と三者の位置甚だ分明ならず。

（正岡子規「落葉の巻抄」「日本」明32(26)）

わづらへる鶴の鳥屋みてわれ立てば小雨ふりきぬ梅かをる朝

（大辻注・「明星」所載の落合直文の歌）

次に梅かをる朝といふ結句は一句としての言ひ現はし方も面白からず、全体の調子の上より此句への続き工合も面白からず。此事を論ぜんとするには此歌全体の趣向に渉つて論ぜざるべからず。そは此歌は如何なる場所の飼鶴を詠みしかといふ事、即ち動物園かはた個人の庭かといふ事なり。若し個人の庭とすれば「見てわれ立てば」といふ句似あはしからず、「見てわれ立てば」といふはどうしても動物園の見物らしく思はる。若し動物園を詠みし者とすれば「梅かをる朝」といふ句似あはしからず。

（正岡子規「墨汁一滴」明34[27]）

ここで批評されている歌々は、本来は、従来の歌の〈読み〉の枠組みに従って読まれるべき歌なのであろう。これらの歌は、作者の目からみた情景を再現しようとしたものではなく、従来の和歌の題詠的な発想のもとで、季節の情趣を詠もうとしたものであるに違いない。しかしながら、子規はこれらの歌を「作者がどこに立っているのか」という論点から強引に批判する。子規が批判するのは、これらの歌の叙述にはそれぞれ相矛盾する部分があり、その矛盾によって作者の位置が一元的に確定できなくなってしまっている、という事態である。

私たちは、「作者の位置」に対する子規のこのようなこだわりのなかに、子規が提示しようとした新たな〈読み〉の枠組みを感じとることができるだろう。それは端的にいえば、「歌の叙述の内容を固定された一点から見た情景として読み解く」という新たな歌の〈読み〉の枠組みであった。従来の歌の〈読み〉においては、それぞれの歌はつねに古歌の連想によって生じた多重的なイメージのもとに読み取られざるを得なかった。そのようにして読まれた歌は、過去の歌人たちの多元的な視点を、自らの内に内包してしまわざるを得ない。子規は、歌を固定された一点から見た情景として読み取ろうとすることによって、従来の〈読み〉の中で歌が内包してしまった多元的な視点や連想を排除しようとしたのである。

子規が「作者の位置」に大きな関心をよせるのは、その固定的な一点を、作者の立っている一点に重ねようとしているからにほかならない。そのように読まれるとき、歌は、固定的な視点を持つ一人の人間によって切り取られた視覚像という意味を持つ。ここにおいて「作者の位置」は、一首の叙述の背後にありながら、一首の叙述に整合性をあたえ、一首の内容を統合する超越論的な視点の位置として重要な意味を担わされることになる。「作者」は、一首を構成する超越論的な視点位置として、一首の背後に、その存在を要請されてくるのである。

作者を土台に立て作者の見た事だけを見たとして記さんには、事柄によりて興味の浅深こそあれ、とにかく読者をして作者と同一の地位に立たしむるの効力はあるべし。作者若し須磨に在らば読者も共に須磨に在る如く感じ、作者若し眼前に美人を見居らば読者も亦眼前に美人を見居る如く感ずるは、此の如く事実を細叙したる文の長所にして、此文の目的も亦読者の同感を引くに外ならず。

（正岡子規「叙事文」明33(28)）

この文章は「写生文」について書かれたものであるが、私たちはここから、子規が考えていた「作者」と〈読み〉の関係を明確に知ることができる。ここで子規が主張しているのは「読者をして作者と同一の地位に立たしむる」必要性である。ここにおいて、「作者の位置」はその作品を構成する超越論的な視点として位置づけられているのみならず、読者がそこに定位してその作品を読み取るような〈読み〉の定点としても想定されている。子規は作品の価値を、作者の視点の位置をどれだけ読者の〈読み〉の定点に同化させたか、という観点でもって判定しようとしている、といってもよい。

しかしながら私たちは、このような〈読み〉の枠組みの変換を、子規の気まぐれが生み出したものだと考えてはならない。それは、言文一致を批判した若い日から、子規が一貫して取り組んできた文体改革の必然的な帰結であった。

子規は、名詞の映像喚起力を有効に用いた文体を創出することによって、和歌的な連想を排除し、シャープで一元的な映像の立ち現れを一首のなかにもたらそうとした。固定的な視点位置は、そのような映像がそこから投影されるべき起点としての働きをもっている、といえる。すでに私たちが見てきたように、言文一致運動においては、文末詞「た」が、語り手を消去し作品全体を統合する構成主体としての「作者」を生み出していった。それと同様に、子規の和歌改革においては、階級的な関係性を排除した透明な文体が、一元的な映像がそこから投影される視点位置としての「作者」を歌のなかにもたらした、といってよいだろう。子規において、文体の改革と「作者の創出」は別々のものではなく等根源的なものであった。

5

以上のような子規の歩みの確認によって、私たちは「一首の背後に一人の人物の顔を想定する」という〈読み〉の成立起源を、ある程度明確に確かめることができたと思われる。一首の背後に要請された、超越論的な視点位置としての「作者」。私たちが歌を読むとき、歌の背後に思い浮かべるそのような「一人の人物の顔」の成立は、「透明な文体の確立」とそれにともなう〈読み〉の枠組みの変換によってもたらされたものである、といってよいだろう。「一首の背後に実在人物としての作者を見る」あるいは「一首を実在の作者の生活の記録として読む」という私文学的な短歌の〈読み〉の成立も、このような事情と深く関わっているにちがいない。

明治時代は、閉じられた共同体を基盤として発達してきた日本の文芸に大きな地殻変動が起った時代である。作者と読者とが同じ「座」のなかで対面しながら作品を作り読む、といった「顔の見える作者・読者」は、明治中期以後の出版文化の成立とジャーナリズムの発達によって崩壊しつつあった。読者は、印刷され、出版された作品を手掛かりにすることによってしか、作者個人を知ることが出来なくなってしまったのである。「顔の見えない作者」の成立。超越論的な視点位置としての「作者」と、実在人物としての作者との曖昧な混同は、おそらくその時点において起ったものだと思われる。「歌をば唯だ一種の方便として、その奥に作者の影が、否な作者そのものが一杯に動いて居るのを以て満足とする」「歌を透してその作者の生命を見む事が私の希望の全てである」という、私たちが冒頭でみた若山牧水の〈読み〉は、そのような混同ののちに成立したものだといってよいだろう。

一首の背後に超越論的な視点位置として「一人の人物」を想定する、という〈読み〉の枠組みは、子規以降、近現代短歌の表現を保証する最終的な基盤として作用してゆく。実在の作者と作品中の主人公の混同を否定した前衛短歌運動でさえ、一首の背後にあるこのような「一人の人物」の積極的な利用なくしては成立不可能だった、といってよい。一首の背後に超越論的な視点位置として「一人の人物」を想定する、という〈読み〉の枠組み。それは、短歌による「自己表現」を可能にし、三十一音という極めて短い詩型のなかに多様な表現技法を盛り込むことを可能にした、近現代短歌を貫く〈読み〉のパラダイムでもあった。

注

（1） 岡井隆『現代短歌入門』（昭44、大和書房）第十一章「私文学としての短歌」。岡井隆コレクション2『短詩型文学論集成』（平7、思潮社）三四三頁。
（2）若山牧水「所謂スバル派の歌を評す」「創作」（明43・3）。『若山牧水全集』第4巻（昭57、日本図書センター）二四二頁～二四五頁。
（3）『子規全集』第10巻（昭50、講談社）八五頁。
（4）同右書、一四四頁～一四五頁。
（5）二葉亭四迷「文談五則」『二葉亭四迷全集』第9巻（昭28、岩波書店）一九一頁～一九二頁。
（6）二葉亭四迷「余が言文一致の由来」『二葉亭四迷全集』第9巻（昭28、岩波書店）一四七頁。
（7）二葉亭四迷『浮雲』第一篇。『二葉亭四迷全集』第1巻（昭28、岩波書店）四頁～五頁。
（8）同右書、一三頁。
（9）同右書、九頁。
（10）小森陽一「『浮雲』における物語と文体」『文体としての物語』（昭63、筑摩書房）八九頁～九五頁。
（11）正岡子規「七たび歌よみに与ふる書」『子規全集』第7巻（昭50、講談社）三九頁～四〇頁。
（12）正岡子規「八たび歌よみに与ふる書」同右書、四二頁。
（13）正岡子規「若菜集の詩と画」『子規全集』第14巻（昭51、講談社）二〇一頁。
（14）正岡子規「あきまろに答ふ」『子規全集』第7巻、五一頁。
（15）正岡子規「四たび歌よみに与ふる書」同右書、三一頁。
（16）正岡子規「歌話」同右書、一七五頁。
（17）三枝昂之「写実論―正岡子規における和歌改革の意味」『うたの水脈』（平2、而立書房）二一頁～二七頁。
（18）正岡子規「人々に答ふ」『子規全集』第7巻、八三頁。

(19) 正岡子規「文界八つあたり」『子規全集』第14巻、二三頁～二四頁。
(20) 正岡子規「人々に答ふ」『子規全集』第7巻、七九頁～八〇頁。
(21) 正岡子規「文界八つあたり」『子規全集』第14巻、二五頁。
(22) 正岡子規「十たび歌よみに与ふる書」『子規全集』第7巻、四九頁。
(23) 正岡子規「人々に答ふ」同右書、八〇頁。
(24) 正岡子規「六たび歌よみに与ふる書」同右書、三七頁。
(25) 正岡子規「文学」『子規全集』第14巻、一九〇頁～一九一頁。
(26) 正岡子規「落葉の巻抄」『子規全集』第7巻、二三五頁。
(27) 『子規全集』第11巻（昭50、講談社）一四八頁。
(28) 正岡子規「叙事文」『子規全集』第14巻、二四三頁。

活字メディアの成立と近代短歌

昨年（平4）十一月に行われた中部短歌全国大会のシンポジウムでは、ワープロによる作歌という問題に論議が集中した。発言者の口からは、ワープロというメディアを使うことによる快感や違和感が、実感に即したかたちで語られていたように思う。メディアというものが僕たちに与える影響。それは僕たちが思っている以上に大きなものかもしれない。

作品が完成した時点を考えてみよう。僕たちが原稿用紙を使って作歌している時なら、その原稿用紙のなかに書かれた苦しまぎれの筆跡・書き入れなどから、僕たちは自分の苦闘のプロセスを思い起こす。しかし、もし僕たちが、ワープロを使い、感熱紙に印字される作品を見るとしたら、僕たちはそこに苦闘のプロセスを思い浮かべるだろうか。浮かべはしないような気がする。感熱紙に印字された美しい文字の連なりは、透明な媒体として僕たちの目のなかに飛び込んでくる。それはどこまでも均一的で冷ややかであり、僕たちが悩みながら行った言葉の斡旋の記憶の生々しさからは遠くへだたっている。その冷ややかな文字のむこうに立ち現れてくる自分という人間のイメージは、本当の自分とは違った「何ものか」だ。ワープロで自分の歌を印字したときに感じるあのかすかな違和感は、その「なにものか」と、自分自身との間の微妙なズレに関係しているのかもしれない。

このような現象は、なにも現代において初めて現れてきたものではない。活字というメディアがもたらす、書く自分と、書かれたもののなかにある「なにものか」とのズレは、今から約百年前の創作者たちも気づいていたものなのだ。

1

前田愛の「明治初期戯作出版の動向」（『近代読者の成立』）によれば、江戸時代以来の木版中心の出版機構が、活版印刷にとって代わられていったのは、明治十年代後半のことだったという。[1] 増大する読者のニーズに応えられなくなった出版業者たちは、非能率的な木版印刷を捨て、大量生産可能な活版印刷を採用してゆく。それればかりでなく活版印刷の普及は、読者個々の小説の〈読み〉をもしだいしだいに変化させてゆく。

活字テクノロジーは、小説読者の享受形態を変革させた見えない力であった。規格化された活字の場合、読者が印刷された行を追う視線の速度は、肉筆の痕跡をのこしている木版の書物よりいちだんと高められ、音声は消失する。ものとしての抵抗感を失い、透明な媒体となった言葉は、容易にその背後にある幻影の世界へと読者を誘いこむ。小説を音読しながら言葉の響きやリズムをたのしむ習慣、他人が小説を朗読する声に耳をかたむける受動的な享受方式はしだいに廃れて行き、黙読による孤独で内面的な享受が一般的になるのである。

（前田愛「もう一つの『小説神髄』」[2]）

木版印刷による江戸時代の小説は、熟練した手彫り職人によって彫りだされたものだった。その行書体の文字は肉筆の痕跡を残しており、その生々しさによって、読者に「ものとしての抵抗感」を与え、朗読の音声の記憶と容易に結びつく混濁したメディアだった。逆にいうなら、木版印刷の文字は、音読の音声の記憶と結びついているがゆえに、それを読む読者は「言葉の響きやリズム」を明確に意識することができたのだ。

それに対して、活字というメディアは、木版の文字がもっていた手触りをもっていない。それは、肉筆の痕跡をはぎ取られ、「ものとしての抵抗感」をもたない、均一化された「透明な媒体」である。音声の記憶と結びついていた文字が活字化されることにより、読者の意識のなかに流れていた「言葉の響きやリズム」は消滅し、読者の意識はダイレクトなかたちで文章の意味内容そのものに向けられていく。それによって読者は、文字というメディアの背後にあるイメージの世界を、自らの意識の中に直接的に現出させることが可能になる。

このように考えてくると、小説を読む僕たち読者の意識のなかに立ち現れてくる明晰なイメージは、活字メディアによって成立したものであったということが分かってくる。作品の背後に明晰なイメージを求め、そのイメージのなかに作者を見ようとする僕たちの小説の〈読み〉は、活字メディアの発達と不可分に結びついていたということができよう。

しかしながら問題は、このような読者の〈読み〉の変化が、作品を書く作者の意識にどんな影響を与えたか、ということだ。たとえば、明朝体の活字が一般化した明治二十二年、雑誌「都の花」所載の『浮雲』を読んだ作者・二葉亭四迷の手記のなかには、彼の衝撃が率直に語られている。

乃ち取る手もわな〻くはかりいそぎて発き他人の作には眼を留めずまづ我作を求め出せり（中略）我作を求め出せしかばまづ之を手に持ちて歩みなからに読みもてゆくほどに手先おの〻き出せり　その前よりおの〻きをりしや否やは知らす　た〻その時になりて心附きしなり　次いて忽然として顔を真紅にそめたり　「かほとまて拙なしとはおもはさりしが印刷してみれば殆と読むにたへぬまでなり」と心のうちにおもへり　読終りても心落居ず　ちきれ〳〵の独語を我にもなくいひつ〻間断なく躍るやうに部屋のうちを歩みめくりつひにたへ

かねて両手に我頭に（を）雀りつけり

（二葉亭四迷「落葉のはきよせ」二籠め）(3)

ここで二葉亭は、自分の文章を「印刷してみれば殆と読むにたへぬまでなり」と感じている。彼が感じたのは、原稿用紙に向かっていた執筆時点の作品世界のイメージと、活字の背後に立ち現れる作品世界のイメージの、どうしようもない落差である。

彼がこの手記の他の部分で書いているように、新たな言文一致体を創出しようとしていた彼にとって、書くという行為は、激しい苦悩に満ちた行為だった。自分の書いた文字を声に出して読み、再考し、削除する。そうやってやっと完成した原稿用紙の文字を見た彼の脳裏には、声を出して読み上げた自分の声の記憶と執筆に費やした膨大な時間の記憶が、はっきりと刻印されていたにちがいない。

しかしながら、「都の花」を見た彼の目にとびこんできたのは、そのような記憶を無化してしまうような透明な媒体としての活字だった。彼は黙読によって、その活字の連なりを、スラスラと読み、またたく間に「読終」ってしまう。執筆に費やした膨大な時間の記憶と、すぐに読み終わってしまった〈読み〉の時間との落差。透明なメディアとしての活字は、執筆に費やした膨大な時間の記憶を一挙に無化し、その背後に自分ではない「なにものか」のイメージを現出させるようなものだったのだ。

自分の作品が活字になる。そのことによって、書き手としての作者は、自分の作品の読者として活字の背後にある「なにものか」のイメージと否応なく向かいあわされてしまう。彼はそのとき、その「なにものか」のイメージを、いかにして自分の思いどおりに制御するか、という問題に思い悩まざるを得ないだろう。それを制御しえなかった二葉亭の苦しみは、僕たちが感熱紙の印字を見るときのあの違和感とおそらくは同質のものだったのではないか。

2

文字から音声の記憶を奪ってしまう透明な媒体としての活字。和歌というものが「言葉の響きやリズム」といった音声と分かちがたく結びついている形式である以上、活字というメディアの発達は和歌を根本的な危機に陥れる可能性を持っていた。明治二十五年に書かれた落合直文の次のような小文には、そのような危機感がよく現れている。

古の歌は、耳にて聞きたれど、今の歌はおほくは目にて見るなりとは、予のかねて論ぜしところなり。歌は、耳にて聞くべきものなるか、目にて見るべきものなるかといふに、歌といふ以上は、きくべきものにて、見るべきものにあらずといふ事も、予のかねて論ぜしところなり。古の歌は、歌の真理にかなひ、今の歌は、ともすれば歌の真理にそむけりといふも、予のかねて論ぜしところなり。真理にかなふ歌をおこし、真理にそむく歌を退けざるべからずといふことも、予のかねて論ぜしところなり。この論にして実行せられざらむには、恐らくは、歌の最もたふとぶべき調といふものも、遂にあとなくなりゆくにいたらむか。

（落合直文「歌ハ目にて見るべきものなるか。耳にて聞くべきものなるか」明25④）

ここで直文は、今の歌が「目にて見るべきもの」として読まれがちである、という現状を指摘している。そして、そのことが本来「耳にて聞くべきもの」である歌の「最もたふとぶべき調」を破壊しつつあることを危惧している。その発言の背後には、活字という新しいメディアによる大量印刷によって、歌が不特定多数の読者の目に触れるようになった当時の状況があるはずだ。

彼はまた次のようにもいう。

目にて見てよき歌は、耳にきゝてもよき歌ならむ。耳にきゝてよき歌は、目に見てもよき歌ならむといふ人もあめれど然らず。目に見る時と耳にきく時と、その歌に対するこゝろかはれり。紙にかきたるを見る時は、まづその趣向の如何に心づくものなり。歌ふをきく時は、まづその調の如何に心づくものなり。趣向の如何によりて、歌の巧拙をいはむには、文章と何ぞかはるところあらむ。歌には調といふものありと、文章とはおのづからかはりあるものなるをや。

（落合直文・同右）

歌を耳で聞くとき受け手の意識は「まづその調の如何」に向かうのに対して、「紙にかきたる」歌を見るときには、読者の意識はその歌の「趣向」（意味内容）に向かう。彼がここで述べているのは、聞く時と見る時の受け手の享受の仕方の違いである。そして、彼がここで「紙にかきたる」歌というとき、おそらく彼は活字によって印刷された歌のことを考えているに違いない。活字によって印刷された歌は、音声の記憶から離れ、そのことによって、みずからの背後に明晰な映像的イメージを浮かび上がらせる。本来音声と不可分であったはずの歌のなかに「趣向」を読みとろうとする読者の〈読み〉。それは、音声の記憶を剝ぎとられた透明な媒体としての活字の、イメージ喚起力によって成立したものだ、といってよいだろう。

しかしながら、歌に「趣向」のみを追い求める読み方は、歌の本質に即した〈読み〉ではない。「趣向の如何」によって歌の善し悪しを判定するのは、文章の善悪の基準をそのまま歌にあてはめることであって、文章と「かはるところ」はない。活字によって成立した意味内容重視の〈読み〉。それは、調べを追求する従来の歌の〈読み〉を、意味内容を追求する散文の〈読み〉に変化させてしまう危険性をもっていたのだ。落合直文が見たのは、活字というメディアの浸食を受けた歌の〈読み〉の「散文化」という危機だったといってよい。

近代短歌は、活字メディアの浸食を受けた以上のような和歌の危機的状況から出発した。活字というものが読者の〈読み〉に与えた圧倒的な影響力を、いかにみずからの形式のなかに取り入れて、消化するか。それこそが、近代の黎明において歌が担った本質的な課題だった。

このように考えてくると正岡子規が行った和歌改革の意義もまた、別の角度から見つめ直すことができるだろう。

牡丹と深見草《ふかみぐさ》との区列を申さんに生等には深見草といふよりも牡丹といふ方が牡丹の幻影早く著《いちじる》しく現れ申候。且つ「ぼたん」といふ音の方が強くして、実際の牡丹の花の大きく凛とした る所に善く副《そ》ひ申候。故に客観的に牡丹の美を現さんとすれば牡丹と詠むが善き場合多かるべく候。

（正岡子規「十たび歌よみに与ふる書」明31[5]）

子規が「ぼたん」という音を重視するのは、その言葉がそれ自体で美しい調べや響きを持っているからではなく、それが「実際の牡丹の花」の凛とした姿を読者の前に現出させるからである。子規は、この「ぼたん」という音が、「ふかみぐさ」という音よりもより明晰なイメージ喚起力をもつと感じたがゆえに、この言葉を和歌のなかに新たに採用しようとするのだ。

言葉のもつ音の響きや調べではなく、その音の背後に立ち現れてくる「幻影」を重視する子規の言語観。それはまぎれもなく音声の記憶から切り離され、透明な媒体として映像を喚起する、活字というメディアによって成立したものであろう。明晰な映像喚起力をもった活字というメディアの成立は、一首のうちに明晰な映像をもたらそうとした子規の和歌改革の戦略を根底から支えた必要不可欠な条件だった。活字というメディアの成立は、近代短歌の成立を準備したもっとも重要な要因のひとつだったということができるかもしれない。

注

（1）前田愛「明治初期戯作出版の動向」『近代読者の成立』（平5、岩波書店・同時代ライブラリー）。『前田愛著作集』第2巻（平元、筑摩書房）四四頁～七三頁。
（2）前田愛「もう一つの『小説神髄』」『前田愛著作集』第2巻（平元、筑摩書房）三五七頁。
（3）二葉亭四迷「落葉のはきよせ・二籠め」『二葉亭四迷全集』第11巻（昭28、岩波書店）七七頁～七八頁。
（4）落合直文「歌ハ目にて見るべきものなるか。耳にて聞くべきものなるか」「歌学」（明25・9）。『明治文学全集』第44巻（昭43、筑摩書房）三〇頁～三一頁。
（5）正岡子規「十たび歌よみに与ふる書」『子規全集』第7巻（昭50、講談社）五〇頁。

Ⅱ

失われたものから
――『日々の思い出』における違和感について

1

小池光の歌集『日々の思い出』[1]（昭63）を読んだ。ひとことでいえば、いま自分が生きている悲哀を思い知らされたような気持ちだ。「いま、この都会に生きる男の憂愁をリリカルにうたいあげる小池光の最新作品集！」という歌集の帯に付せられたうたい文句、けだし名言だと思われる。この哀しさはどこから来るのか。

まず気づくのは、彼が執拗に「失われたもの」を題材にしているということだ。日付の記された「I日々の思い出」から数首ひいてみる。

佐野朋子のばかころしたろと思ひつつ教室へ行きしが佐野朋子をらず

ピアノのおとも絶えたる正月はみんなどこかに行つてしまひたり

「ながらみ」を訪《と》へども人の居らざりき九十九里浜へはや帰りなむ
アパートの隣りは越して漬物石ひとつ残しぬたたみの上に
日曜の幼稚園の庭に落ちてゐしうさぎのてぶくろの右のはかなさ

これらの歌の背後には、そこにないもの、失われたものとして「人間」が想定されている。たとえば一首目から三首目までは、期待されていた人間・当然そこにいるべき人間として「佐野朋子」、作者の家族、「ながらみ」の人々が想定されている。過去に予想した人間がそこにいない。作者がとらえているのはその違和感である。また、四首目・五首目の歌は、目の前に残されたもの（漬物石・てぶくろ）に対する違和感をとらえている。残されたものによって作者は、そこにいなくなった人間（隣人・幼児）に気づくのである。

また、こんな歌もある。

いつものやうに帰宅し来ればこはれたる華厳の滝をテレビは映す
家ひとつ取り毀されて夕べにはちひさき土地に春雨くだる
夜の更けの踏切はただ照らされてあかりのなかに在るものはなし
遮断機のあがりて犬も歩きだすなにごともなし春のゆふぐれ

これらの歌の背後には、失われたものとして、人間以外の「もの」や「出来ごと」が想定されている。

一首目で作者がとらえているのは「いつものやうに」帰宅した自分の目に映る「こはれたる華厳の滝」という見慣れない「もの」の画像である。その画像を見た作者の脳裏にはおそらく日頃絵はがきなどで見慣れた名所華厳の滝というものが浮かんだにちがいない。二首目の「家ひとつ」の歌においてとらえている違和感は私たちにはなじみ深いものだ。そこに建っていた時はかなりの広さを持っていると思われた家。しかしそれが一旦壊されてしまうと、私たちはその家が思った以上に狭い敷地に建てられていたことに気づく。以前思ったより「ちひさき土地」に立って作者が感じているのは、そこにあった大きな家という「もの」なのだ。

三首目・四首目においては、「これ」と規定することのできない漠然とした「出来ごと」が想定されている。「在るものはなし」「なにごともなし」と言葉にすることによって、作者はなにもない平凡な日常のなかに「なにかがある」と思い込んで暮らしてきた日頃の自分に気づくのである。この二首において作者がとらえているのは、そんな日頃の自分自身に対する違和感（なにかそぐわない感じ）であろう。

「そこにいない人間」や「失われたもの」に対して注がれる小池の視線は、同様に「失われた生命」に対しても注がれることになる。日付を付された「Ⅰ日々の思い出」の部分だけでなく、この歌集全体を見直すと、次のような「死」を扱った歌をいくつか見いだすことができる。

屋上の手すりの外にうつぶせに鳩のむくろはすでに乾きぬ

起き出でてみれば気まぐれ金魚かも畳のうへに死んでゐやがら

最後の一匹死にし水槽のあかるくなりてみづあるばかり

十月十六日（木）ぽん太死

鼻の先うどんの湯気に濡れてゆく東京ぽん太芸もなかりき

十月三十日（木）父の誕生日（だったろう）を記念し

パンは耳まで必ず食べて晩年は村上水軍にのめりこみたる

日なたにて干し柿くひぬ干し柿は円谷幸吉の遺書にありしや

「死は日常性の平凡さを襲う、大いなる非日常性である」とハイデッガーは言った。たしかに人や生きものの死ほど私たちを奇妙な感じにさせるものはあるまい。きのうまで生き生きとしていたものの突然の死に出会う、またそれとは逆に、亡きものとして忘れてしまっていた死者を何かの拍子に突然ありありと、目の前に息づいているかのように思い出す。そんな時私たちは、深い違和感にとらわれてしまう。作者は、小動物の死体を見ることによって、きのうまでそこにあった生命を思い、それが今は失われてしまった事実を見る。あるいはまた「うどんの湯気に濡れ」たり「干し柿をく」ったりする瞬間に死者たちをありありと思い出し、あらためてそれらの生命が今はもう失われてしまっていることに気づく。その時の、何か背筋がムズッとするような、なにかそぐわない感じをこれらの歌は的確にとらえているといえよう。なぜ小池はこんなにまで「失われたもの」にこだわるのか。あるべきものがない、それに気づいた時のあの違和感。なぜ小池は何度もそれを歌にしようとするのだろうか。

2

小池はこの歌集の「あとがき」で次のように述べている。

思い出に値するようなことは、なにもおこらなかった。なんの事件もなかった。というより、なにもおこらない、おこさないというところから作歌したともいえる。
（小池光『日々の思い出』あとがき[2]）

この歌集を読み進めてゆくとき私たちが感じるのは、たしかに「なにもおこらない」日常生活の流れである。その印象は歌の横につけられた無造作な日付によっていっそう強められている。

二月七日（土）　銀座
二月八日（日）
二月九日（月）　教育センター
二月十日（火）
同日夕　天理教大咲分教会
二月十一日（水）　南浦和住宅展示場
二月十二日（木）
二月十三日（金）　パチンコ「蓮田かめ」
二月十四日（土）
二月十五日（日）
二月十六日（月）　伊勢丹浦和
二月十七日（火）

このように日付を追いながら、私たちはある種めまいのようなものを感じてしまう。無造作で、無表情な日付を読み進むにしたがって私たちは、作者をとりまいている均一化されルーティーン化された時間を感じ取らざるを得ない。毎日同じ時刻に目覚め、出勤し、定刻に帰宅する生活。とりたてて言うべきことなどなにもない、単調で、平凡で、意味のない青ざめた時間の流れ。日付を追いながら私たちは、私たち自身もまた作者同様に、そんな均一化された時間のなかに置かれているのだということに気づかされる。『日々の思い出』を読み進めることによって、私たちは日頃のありふれた日常生活の時の流れをあらためて自覚し、その時間の流れを追体験する。日付は私たちを日常性のなかへと引きずり下ろすために周到に用意された装置なのである。

小池は「あとがき」のなかで日付の意味について次のように言っている。

短歌は、額縁をもつ詩型である。額縁のデザインも、歌人の仕事のうち、そういうことも出来るだろう。日付という額縁は、もっとも単純で素朴なものだ。

日付が同時に写るカメラがあるが、おもしろい写真ができる。何の変哲もない事物、たとえば公園のベンチひとつをこれで撮って大きく伸ばしてみる。日付がなければただのベンチに過ぎないが、日付をそこに置くと、一挙にただのベンチがただのベンチでなくなる。正確にいえば、ただのベンチとして見てはならないという視線を、観る側に誘導してくる。どんな人にも否応なしに想像力を誘引してくる。

「日々の思い出」で意識していたのは、たぶん、この「日付の写る写真」である。バカチョン写真機で、公園のベンチとか、電気のコンセントとか、金魚鉢にうつる子供の顔とか撮ってみたのだ。高級一眼レフで撮った〈芸術写真〉でない。この間〈芸術写真〉のはったりくさい感じがだんだんいやみにおもわれて来た。

（小池光『日々の思い出』あとがき(3)）

ここで小池が念頭に置いているのは、あきらかに「短歌表現における場」の問題である。短歌はいうまでもなく、三十一拍からなるきわめて短い詩型だ。したがって、その一首の中だけで意味性を完結させ、表現を成立させるのは不可能である。短歌はその構造上、自分の外部（作者名の記載、前後の歌、詞書き、連作の冒頭に付された小題、さらには歌集全体の構成、歌集の題名、その他社会的情勢など、その一首をとりまく種々の諸条件）から常に影響をうけている。その一首がどんな「場」に置かれているかによってその一首の相貌は全く異なったものになる。「先に、短歌の特徴はその臨場性である、といった。場に臨む、いいかえれば、ある場を〈受けて〉成立する詩といえる」（小池光「日付という磁場(4)」）。

短歌は「場」を受けて成立する詩である。そんな短歌の性格をいわば逆手にとり、短歌の置かれた「場」をみずからの手によって意識的に作りあげ、一首のなかに深い暗喩性をはらませようとしたのが、前衛短歌運動以降の短歌界の趨勢だった。歌人たちは「場」の持つ力を重視し、それをみずからの手で構成することによって、日常性に深く根づいていた写実主義の短歌を止揚し、そこに深い言語表現の可能性を見いだそうとしてきた、といえる。つまり、小池の言葉を借りれば、歌人たちは「額縁のデザインも、歌人の仕事のうち」という自覚のもと、せっせせっせと装飾過多の「芸術写真」用の額縁を作ってきた、とも言えるだろう。岡井隆が数年前さかんに行った詞書きの使用も、日常生活という題材を、詞書きと歌との緊張関係のなかへ措定しなおすことによって再構成し、ドラマ化し、そのなかで生きる初老の作者像を浮かびあがらせようとした試みであった。彼は日常を再構成しドラマ化させる装置（額縁）として詞書きを戦略的に利用したのである。

短歌の額縁としての詞書きと日付。一見同じような性格を持つ両者の間には、しかし決定的なちがいがある。それはすなわち、前者は日常性を止揚するための装置であり、後者は読者を日常性の泥沼へ引きずり下ろすための装置である、という点である。岡井隆の『人生の視える場所』（昭57）を読むと、朝のスープをこぼす作者の背後に、テレマンの管弦楽が流れているような気がする。『日々の思い出』を読むと、私たちは今日、職場の机の上に置きのこしてきた書類の山を思う。両者とも日常生活に深く立脚して歌っているにもかかわらず、そこから受ける印象はひどくちがう。

「〈芸術写真〉のはったりくさい感じがだんだんいやみにおもわれて来た」と小池はいう。一首一首の短歌を〈芸術写真〉と思わせないために、小池は日付という最もシンプルな額縁を用意する。小池の注意は、読者をいかにして、日常のあの飴のように延びる時間のなかへ連れもどすことができるか、に注がれている。日常生活の「はったりくさい」再構成は、きっぱりと放棄されているのだ。ドラマのない均一化された生活のはてしなさ、日付を目で追いながら私たちが感じるのは、ドラマチックなことなどなにもない、そんなありふれた日々の時の流れなのだ。

ドラマのない時代、何の起伏もない日常の時間にすべての人が黙々と馴らされてゆく時代。そんなドラマ不在の時代である現代に私たちはなにを歌ってゆけばいいのか。そこに個性的な言語表現が存立する余地はあるのか。『日々の思い出』は、そんな問題を真っ向から問うている歌集だ。もちろん、そのテーマは声高には唱えられていない。現代という時代が、何かを声高に主張すればするほど「はったりくさく」見えてしまう時代であることを、小池は知りつくしているからだ。

3

なぜ小池は「失われたもの」にこだわるのか。何かが失われた時の違和感をくりかえし歌おうとするのか。先にあげたこの疑問も日付との関連から考えることができるだろう。日付と歌の関連に注意しつつ以下の一連を読んでみよう。

二月十七日（火）
タンポポの黄の花いまだ荒川のうへに出てゆく飛行船みゆ
二月十八日（水）
自転車に乗りてゆく煙突掃除夫はこころたのしもとほくおもへる
二月十九日（木）
思ひなし腫《は》れの兆せる木のこずゑ春一番のゆきし日の暮
二月二十日（金）西武デパート蘭花展
遺伝子工学によりて高むる性愛の快楽と思《も》へばひたくるしけれ
同日
しろたへの生クリームは漲りてココアの熱きおもてを閉す

二月二十一日（土）

老獪のおもかげぞあるひともとの槐《えんじゅ》に春のくさは寄りゆく

二月二十二日（日）スキー、浦佐

上越の山なみしづかなるなかに膝の固《かた》さをわがなげくなり

二月二十五日（水）

遮断機のあがりて犬も歩きだすなにごともなし春のゆふぐれ

二月十七日から二月二十二日までの歌を私たちは日付にしたがって読んでゆく。歌のなかから浮かびあがってくるのは、春のおとずれをほのかに感じながらも、日常の生活に追われ、たまにデパートを訪れたり、休日にスキーをしたりする中年男性の一週間である。日付によって私たちは、その一週間の単調な時の流れを一定の速度で（一首を三十秒で読むとするなら一日の二十四時間を三十秒で）追体験する。作者の姿を目で追いながら、私たちが感じるのは、この一週間に自分がやりすごしてきた、あのありふれた時の流れの、ぬめっとする肌ざわりであろう。日付による均一化された時間配分は私たちに日常の時間の追体験を強いる。短歌を読む背後に、濃淡のないありふれた時間が流れはじめる。

そのような単調な時間の流れが背後にあるからこそ、私たちは二月二十五日の記述に衝撃を受けるのだ。北風の踏切で待つ人々。犬。列車が通り過ぎる。警報機が鳴り終わり、遮断機があがる……。そこから、人々がふたたび歩きはじめるまでの、あの空白感。凍りついた時の流れ。静止していた世界が動きはじめるまでの、あの「なにかそぐわない感じ」。この歌がとらえているのは、そんな瞬間の違和感だ。読者である私たちは、均一な時間がここで一瞬とぎれてしまうのを感じる。日付による均一な時間の流れに慣らされてきた分、この時間のとぎれを、私たちはまざまざとリアルに感じとることができる。

人々や犬が歩きはじめるまでの空白。違和感。そのなかで作者は実は「なにごともない」ことに気づく。そのなかに埋没してしまっていた日々の生活が、実は「なにごともない」ものであったことに気づく。忙しさにまぎれて、しかし、その忙しさのなかに何かがあるような気がしてやりすごして来た数日間。その数日間の生活が「なにごともない」無意味さでもって作者の目の前にヌーッと立ち現れてくる。その感覚は、頭でっかちなニヒリズムといったものではなく、私たちがしばしば感じる、あの生きていることの無意味さの感覚であろう。日付によって日々の生活を追体験してきた私たち読者も、突然姿をあらわした「日常の無意味さ」に否応なく直面させられてしまうのだ。

小池光は『日々の思い出』を次の一首でしめくくっている。

はくれんのひかりかはらず父死なば長子は遺骨次子は遺影を

見てはいけないものを見てしまったような、ぞっとする歌である。「父」である作者が死ぬ日にも、はくれんは「なにごともなく」白い光をこぼし続けるにちがいない。日々の暮らし、あるいは自分が今生きていることの底知れぬ無意味さ。日付によって、日々の生活を追体験してきた私たちは、その無意味さを垣間見るのである。

人が死ぬこと、何ものかが失われてしまうこと、そして、そのなかで私たちが感じる、あの「なにかそぐわない感じ」。その違和感は画一化され均一化された私たちの日常生活にぽっかりとあいた空白・すきまのようなものであろう。日頃、生活のなかに埋没し、そのなかで我を忘れている私たちは、そのちっぽけな違和感のなかで、「なにごともない」日常生活の実相に気づかされる。小池は、画一化された生活のなかの、ちいさな違和感を執拗に注視することによって、私たちが日頃見失っている日常の意味をとらえなおそうとしている。「何かがある」かのように歌うのではなく「何かがない」ところから歌いはじめようとするのだ。失われたものから、何が見えてくるのか。「何かがない」という違和感のなかで、現代という時代が、どのような相貌をもって立ち現れてくるのか。ドラマ不在の時代である今、小池はそこに短歌の可能性を賭けている、といっても過言ではないだろう。

注

（1）小池光『日々の思い出』（昭63、雁書館）。
（2）同右書「あとがき」二〇一頁。
（3）同右書「あとがき」二〇一頁〜二〇二頁。
（4）小池光「日付という磁場」『街角の事物たち』（平3、五柳書院）一五七頁。初出は「現代短歌雁」（昭63・10、雁書館）。

関係性としての耳

1

初期の河野裕子の歌には、耳が数多く登場する。第一歌集『森のやうに獣のやうに』[1]（昭47）では二十四首、第二歌集の『ひるがほ』（昭51）では十一首。数量的にいえば、初期の二歌集にはこれだけの数の耳の歌が掲載されている。両歌集の収録歌数がともに三百六十首前後であることを考えると、初期の彼女の歌集には尋常ではない頻度で耳が登場するということになるだろう。このような耳の頻出の問題を僕たちはどのように考えればいいのだろうか。

そのことを考えながら初期の二歌集を読んでゆくと、彼女の歌における耳の登場の仕方には大まかにあげて二つのタイプがあるということが分ってくる。

耳たぶの小さきほくろの位置なども憶えし恋はかなしかりけり

『森のやうに獣のやうに』

逆光に耳ばかりふたつ燃えてゐる寡黙のひとりをひそかに憎む
ひとづてに聞きしことばはかなしくて木馬の耳がとほくひかるよ
立ちしままきつく緊りて睡りゐる群集の中のももいろの耳

これらの歌に登場するのは、すべて外側から見られた他者の耳である。片思いの相手の耳たぶにあったほくろをある瞬間に思いだす作者。自分の思いを明かさない寡黙な人に対して、ひそかな憎しみを感じる作者。これらの歌に登場する耳の持ち主は、作者と触れ合うことを拒んでいる他者であり、作者はその他者に対して時間的・空間的な距離感を感じている。

一人の他者に対するこのような疎外感や距離感は、当然、総体としての他者、つまり「世間」や「群集」や「社会」といったものにも向けられてくる。他人の無責任な発言に傷ついたとき、ふと眼前に浮かんでくる木馬の耳や、一日の仕事に疲れて立ったまま眠っている人々を前にしたとき、彼女の眼に飛び込んでくる「ももいろの耳」は、おそらく「世間」「社会」というものに対して、作者が感じている疎外感の象徴なのだろう。

僕たちが日常生活でしばしば感じるとおり、外から見た他者の耳は、実に奇妙な不思議な感じのする器官である。顔の両端に突き出た薄い肉片は、複雑に歪められた渦と暗黒の空洞を湛えて、僕たちの目の前に冷ややかに存在している。人間のコミュニケーション行為に関わる器官であるにもかかわらず、いや、そうであるがゆえにより いっそう、外側から見られた耳の形は、その持ち主である他者の冷ややかさを僕たちに突きつけてくる。初期の河野裕子の歌に頻出する耳は、彼女の他者とのあいだの、そんな冷ややかな「遠さ」を象徴しているといえるだろう。

しかしながら、その一方で彼女は、次のような形で耳を歌ってもいる。

横たはる獣のごとき地の熱に耳あてゐたり陽がおちるまで　『森のやうに獣のやうに』
くすの木の幹に耳よせて忘れゐしこゑのあたたかさ思ひ出さうか
夏ゆふひ耳の底まで差して来てかすかに痒くさびしきものを　『ひるがほ』

先に挙げた歌々が、他者の耳を歌っていたのに対して、これらの歌は作者自身の耳を歌っている。地面に耳を当ててなまなましい熱を感じる作者。あたたかい木の幹に耳を当てる作者。耳孔に注ぐ光を痒く感じる作者。これらの歌に登場する耳は「熱」「あたたかさ」「痒さ」といった身体の内在的な感覚とともに歌われている。体内にある感覚を感じた瞬間にするどく意識されてくる自分自身の耳たぶ。これらの歌でとらえられている耳とは、そのような自己の体性感覚の象徴としての耳なのだ。

これらの耳の歌は、何らかの形でそこにはいない他者と結びついている。耳たぶに感じる木の幹のあたたかさのなかで彼女が想起しようとしているのは、忘れていた他者の声のあたたかさであり、耳孔の痒みのなかで彼女が感じるのは、他者がそこにいない、という「さびしさ」だ。河野の体性感覚は、他者の声や他者のぬくみといったものと、深いところで結びついている、といえる。

水波の暗きをわけて浮び来るやはき耳もつ稚き死者ら　『森のやうに獣のやうに』

この一首で歌われているのは作者自身の耳ではない。しかしながら、生まれて来なかった胎児がもつ「やはき耳」は、いうまでもなく母親としての作者の体内の感覚と結びつく。その体内の「やはさ」の感覚を胎児と共有しているという信頼があるからこそ、彼女はすでにここにはいない胎児をまざまざと近くに感じとることができるのだ。彼女にとって耳とは、他者との「遠さ」を表現すると同時に、「やはらかさ」「あたたかさ」をともなって、そこにはいない他者との同一性を彼女に確信させる。耳は、その「ぬくみ」によって、他者との「近さ」を彼女に保証する器官でもある。

今頃はぼんやり鉛筆の芯などを見つめてゐむと病みて思へり　『森のやうに獣のやうに』
わが髪の付きしセーターにふさふさと身を包み街を歩きてをらむ
君は今小さき水たまりをまたぎしかわが磨く匙のふと暗みたり　『ひるがほ』

このような歌のふしぎな現実感も、以上のような事情とふかく関係しているのだろう。彼女は、そこにはいない他者がいまおそらく行っている「鉛筆の芯を見つめる」「自分の髪が付いたセーターを着て街を歩く」「水たまりをまたぐ」といった細かな動作を、まるで眼の前でそれが行われているかのようにリアルに想像する。そして、そのようなリアルな想像を可能にしているのは、「ぼんやり」「ふさふさ」「ふと」といったオノマトペによって表されている彼女の繊細な体性感覚なのである。

この水の冥きを問へば水底に髪揺られつつ死児は呼びゐむ　『森のやうに獣のやうに』
死にしよりわがものとなりて冴えざえと風きらめくときに振り向ける顔

死者とは、比喩的に言うなら、究極の遠さにある他者だ。その人との遠さが克服できないものである、と自覚されたとき、彼女の体性感覚はもっとも美しいかたちで発揮される。水底にゆらゆらと揺れる死んだ胎児の髪、きらめく風のなかでふりむく死者の顔。その不気味なほどリアルな肌触りは、のたうつような髪を体で感じ、風のきらめきを「冴えざえ」と感じることによって生まれてくる。生きている他者・眼の前にいる他者は、彼女にとって距離感や疎外感を感じさせるものでしかない。不在であるということによってはじめて、極端にいえば、死ぬことによってはじめて、他者は彼女の体性感覚のなかでとらえられうるものとなり、「わがもの」となるのである。

青春期の彼女にとって、他者とは遠い距離にあるものであり、自分が触れ得ないものであったのだろう。しかしながら、それにも関わらず、彼女はそのような他者をまざまざと自分の近くに引き寄せて感じ取ることのできる特異な体性感覚をもっていた。いやむしろ、他者が遠くに感じられたがゆえに、他者との同一性を希求する彼女の体性感覚はよりいっそう、鋭く繊細に研ぎ澄まされてゆかざるを得なかった、ともいえよう。遠ざかれば遠ざかるほど、身近かな形で立ち現れてくる他者。耳とは、若い河野の他者とのそんな特異な関係性を端的な形で表しているキーワードだった。

しかし、他者はいつまでも「遠く」にいてはくれない。結婚し、子を生んだ彼女はいやおうもなく他者との「近さ」のなかで歌を作ってゆくしかないだろう。彼女はどのような形でその原理的な困難を乗り越えてゆこうとしたのか。

2

第二歌集『ひるがほ』を出版したのち、昭和五十四年、彼女はエッセイ「いのちを見つめる」を書く。そのなかで彼女は、自分の出産体験をつぎのように記している。

孕んだとき、自分がそれまで全く予測していなかった自分に出逢った。胎内に内在している律、自然律、あるいは生命律が、私の思惑など全く関与しない貧欲な活動を始め、胎児の心臓を作るときは私の身体全部が心臓に、肺臓を作るときは私の身体全部が肺臓になって、胎児と私の身体は別々の鼓動を搏ちながら、まるごとひとつの完成を目指した。その遮二無二な、せき止めようのないエネルギーに圧倒された。なまあたたかく、ぐにゃぐにゃで、どろどろで、まっ暗で、支離滅裂で、とらえようのない、わけのわからないもの狂おしさが、アメーバーの触手のように私にからまりついて離れなかった。それは、遠い太古の、いのちの始まりの、日も月もない海の混沌そのものにちがいなかった。

(河野裕子「いのちを見つめる」昭54[2])

出産という現実の体験にもとづいて書かれたこのエッセイで彼女が繰り返し述べるのは、自らの生命が「遠い太古の、いのちの始まりの、日も月もない海の混沌そのもの」に結びついている、という確信である。それは、一般にいう親と子の「血のつながり」といった皮相的なものではなく、もっと根源的なエネルギーによってあらしめられている自分と胎児との実存的な一体感である。

くらい母の胎内の、羊水の中にわれわれは、かつて浮かんでいた。そら豆の形をして、倒立しながら、母親とは全く別の次元の時空に存在していた。くらい狭い産道を、身を細められるだけ細めて、この世の時間とひかりの中にうまれ出て来た。このような原体験の共有を、誰もが皆、すでにもう遠い所へ置き忘れていたのだったが、私は、道を歩く誰彼に直結しているのだという、一方的な連帯感をもって人々に向き合わずにはいられなかった。（同[3]）

ここにおいて、河野は彼女自身の根源的な命が、単に胎児ばかりではなく「道を歩く誰彼に直結している」のだ、と考えている。だが、その「道を歩く誰彼に直結している」という他者との関係性に対する感覚は、実は先に見たように、当初から彼女の本質的な部分にそなわっていたものだ。この文章において河野は、当初からもっていた彼女特有の体性的感覚をあらたに普遍的な「母性」として捉え直し、それを自らの作歌の方法的な立脚点として先鋭化させようとしていたといってよい。

しかしながら、そのような河野の「方法」は彼女の歌に豊かな実りをあたえたといえるのだろうか。

花山多佳子の「河野裕子小論――私のみの呼びかけとして」（「塔」平3・2）は、河野の歩みを近くで見てきた筆者らしい示唆に満ちた論である。そのなかで花山は、「自分の現在を形象化するために、言語がたわみなく機能している」彼女の初期の作品が「とっぷりとした豊かな母性」というような評言で語られたことに対する違和感を述べている。その上でさらに、花山は河野の「母性」の主張を次のように批判する。

けれど、河野自身が〈母性〉を中心として、晶子やかの子や五島美代子、更に山田あきを含めて女歌を論じたとき、一括した女歌の見事な継承者として自己を位置づけることになり、その誰にも似ていなかった部分、特質がうやむやになっていくのは、私には残念であった。河野自身、こうした自己規定は本当は重荷になっていったのではないか。

（花山多佳子「河野裕子小論――私のみの呼びかけとして」(4)）

現在の視点から河野の第三歌集『桜森』（昭55）や第四歌集『はやりを』（昭59）を読むとき、花山の指摘したこのような困難は、彼女が意欲的な形で取り組んでゆく「子供を歌った歌」のなかで、皮肉にも、もっともあざやかに現れているのではないか、と思われる。

子を叱る母らのこゑのいきいきと響くつよさをわがこゑも持つ　『桜森』
子がわれかわれが子なのかわからぬまで子を抱き湯に入り子を抱き眠る
突風の檣《ほばしら》のごときわが日日を共に揺れゐる二人子あはれ
いつもどこかすこし汚れてゐる子らのぬくとき匂ひぬくとき手足　『はやりを』

これらの歌にあらわに出ているのは、身体を媒介とした子との一体感である。しかしながら、これらの歌には、初期の河野の歌の特徴であった研ぎ澄まされた実存的な体性感覚は、意外に希薄だ。

子を叱る自分の声を「いきいき」というありきたりなオノマトペで表現する粗雑さ。「子がわれかわれが子なのかわからぬ」というやや概念的な感覚の描写。「突風の檣のごとき」という観念的な比喩。子供たちの匂いや手足を「ぬくとき」という一語で表現しようとする粗雑な言語感覚。たしかに、これらの歌を「母性」にもとづく豊かさ・おおらかさを持つ歌として好意的に評価しようとすればできるだろう。しかし、それは常に、歌としての表現の濃やかさを犠牲にした上に成り立っているように思われる。

これらの歌に登場する情景は、瞬間的なあざやかさを持った情景として僕たちのまえに現れてはくれない。これらの歌に歌われている時間は、個別的な一回性をもって立ち現れる「瞬間」ではなく、「子を抱き湯に入り子を抱き眠る」「日日」「いつもどこか」というような形で一般化され理念化された時間であり、これらの歌に現れている子は、意外性をもち具体的な表情で立っている「他者」ではなく、作者のまなざしによって理念化され抽象化された「子ら」「二人子」なのだ。これらの歌が歌として、どこか雑な印象を与えるとしたら、それは歌そのものの表現が理念的・概念的なものになっているからだ、といえる。

初期の河野の歌がもっていた実存的な体性感覚は、常に他者との距離感の介在によってより濃やかに研ぎ澄まされた形で歌の中に登場してきた。目の前にいるこの人のなかに、自分は決して入って行くことはできないのだ……。彼女が感じていたそんな他者の「他者性」によって、彼女の感覚は美しい詩的表現に結実していたのだ。そんな彼女が、「子」という他者との根源的な命の共有を確信し、それを自らの作歌の立脚点にしたとき、彼女の体性感覚は歌のなかでは表現し得ないものになっていったのではないか。

たとえそれが自分の腹を傷めてこの世に生み出した子であっても、他者というものは永久に理解できない「遠さ」をもって僕たちの前に存在しているのだろう。もちろん、これらの歌集のなかには、初期の河野の他者詠にみられるような「遠さ」の感覚をともなって、子が歌われている歌もあるにはある。

むかう向きに何して遊ぶ二人子かチョークで描きし扉を閉ざし　『桜森』
事もなき日の暮れがたの道の端に白箸折りて何遊ぶ子ら　『はやりを』

これらの歌は美しい。作者の目の前で、遊ぶ子供。しかし、母である作者には、その遊びがどのような意味を持つのか、「何」なのか、分からない。子供は今、子供自身の世界の中に存在している。河野の歌集の中に登場する「子」がもっとも具体的な表情を見せるのはそんな場面だ。

しかしながら、遊ぶ子の孤独を見つめる河野のまなざしの背後に、実は、次のような歌があることも僕たちは忘れてはならないのだろう。

路地の奥の夕映だまりに影ふみてかつてはわれでありし子遊ぶ　『はやりを』

ひとり遊びをしている子のなかに、彼女は「かつてはわれでありし子」を見る。ひとり遊びをする子の姿のなかに、彼女は孤独だった自らの幼い日の姿を見ている。ここでもやはり、子との根源的な一体感は疑われていないのだ。

「母」として他者と共有する根源的な命を見つめる。河野が「いのちを見つめる」のなかで表明したそのような自己規定は、「耳」に象徴される河野の、他者との微妙な関係性を無効にする危険性を持っていた。思うに、第四歌集『はやりを』の時期の途中から、河野自身もその危険性を目覚しだしたのではないか。自分の歌を〈母性〉という標語によって位置づけた河野の自己規定は、花山のいうとおり彼女にとって「重荷」になっていったにちがいない。

しかしながら、第四歌集『はやりを』を上梓し終え、第五歌集『紅』（平3）の時期に入るころから、子供に対する河野の発言には、微妙なニュアンスの変化が生まれてきたように思われる。


生と死などと大げさなことばで言う必要はないのだが、子供という存在は、ほんのしばらくの、かりそめなものだという思いが、私には強い。

子供たちに比べると、他の人たちは、よほど存在感が確かで、輪郭もはっきり見える。子供たちのいのちの始まりの時から私は知っているはずなのに、子供たちが生まれた瞬間は、私自身の生の始まりといっていいくらい鮮烈なものであったのに、そしてそれだからこそよけいに子供たちが、かりそめなものに思われるのだろうか。

（河野裕子「たったこれだけの家族」昭62）(5)

子供は成長してゆくにつれ、ことば以前の存在としての、いわばなまものの不思議な魅力を失ってゆく。そのかわりに、知的な面白さや、伸び育ってゆく体の、すんすんとした健やかさを持つようになる。一晩ごとに子供たちは変化する。こんな不思議な面白い存在が、毎日私のまわりをうろうろしているのは、何というたのしい刺激的なことだろう。

（河野裕子「子はすんすんと」平2）(6)

このような発言の裏には、自分の娘や自分の息子を他者として見つめた、次のような作品がある。

ゆつくりと振り向くやうに揺れてゐる風なかのコスモス紅《こう》が来てゐる　『紅』

革ジャンパーの革の内より螺貝《つぶがひ》のむき身のやうな子の喉が見ゆ　「桟橋」（平4・1）

コスモスの揺れる向こうに、いつの間にか立っている娘。その姿はまるで初めて出会った乙女のような新鮮さで作者の目に映ったに違いない。革のジャンパーの内から見えた息子の、なまなましい肉色の喉仏を見て、作者は初めて男と出会ったような動揺を感じたに違いない。これらの歌には、初期の作品に通ずるような他者の「遠さ」が再び顔を覗かせている。その「遠さ」によって、河野の感覚はふたたび研ぎ澄まされつつある。

わが顔によその誰かの顔がきて勝手に齢をとりゆく気配　『紅』

夢のなかに幾つもの山門くぐりゆき影のやうにぞ逸《はぐ》れきわれと　「短歌」（平3・10）

対象のなかに他者性をみつめること。それは自分の中に年老いた「誰か」という他者を凝視することにもつながるだろう。またそれは、自分というものとある一定の距離をとることによって、自分のなかにある「他者性」に気づくことでもあるだろう。ひとつの自己規定から解放された河野が、これらの歌において、ふたたび獲得しつつあるように見える芳醇な感性は、「老い」というものと真向かう河野裕子という豊かな歌人の熟成を、僕たちに予感させてくれてもいるのだ。

注

（1）この論考の掲出歌は次の河野裕子歌集によった。『森のやうに獣のやうに』（昭47、青磁社）『ひるがほ』（昭51、短歌新聞社）『桜森』（昭55、蒼土舎）『はやりを』（昭59、短歌新聞社）『紅』（平3、ながらみ書房）。

（2）河野裕子「いのちを見つめる」『体あたり現代短歌』（平3、本阿弥書店）一二頁～一三頁。初出は「短歌」（昭54・5、角川書店）。

（3）同右書一四頁。

（4）花山多佳子「河野裕子小論――私のみの呼びかけとして」「塔」（平3・2）一五頁。

（5）河野裕子「たったこれだけの家族」『体あたり現代短歌』（平3、本阿弥書店）五四頁～五五頁。初出は「短歌」（昭62・3、角川書店）。

（6）河野裕子「子はすんすんと」『体あたり現代短歌』（平3、本阿弥書店）七〇頁。初出は「短歌」（平2・7、角川書店）。

侵犯する自然
——伊藤一彦『森羅の光』における

地方なるフィクションに拠らむあやふさを忘るるまでのこの荒磯海《ありそうみ》　「歌壇」（平4・1）(1)

伊藤のこの近作を読んだとき、僕は伊藤と「地方」との複雑な関係を思わないではいられなかった。その短歌的な出発以来、彼が自らの表現の拠りどころとしてきた「地方」（故郷）。その「地方」が実は「フィクション」であり、それに寄りかかってゆくことが「あやふさ」を孕んだ行為である、この歌の上の句で吐露された、彼の故郷に対するそんな意識を僕はある種の感慨をもって読まざるをえなかったのである。

伊藤のいままでの歩みを注意深くみてゆくと、まさに彼はこの歌の通り、意図的に「フィクション」として故郷を要請し、そこに自らの表現の根拠を見出そうとしてきたのだ、ということが分かってくる。

風土記といったものが今日はたして成り立ち得るのか。ふるさと情報などの呼名で東京のマス・メディアから逆に自分たちの生活している地域の情報を与えられているという昨今である。まして地域性も何もなくなったとの声がかまびすしい。

東京が、もちろん象徴としての東京という意味であるが、網羅しようとしてもできなかった情報が風土記の中にはなければなるまい。いや情報ではない。情報化されないもの、数字化されないものの集積こそが、少なくとも私にとっての風土記のイメージである。

(『青の風土記』「後記(2)」)


たとえば、『青の風土記』(昭62)の後記に記されたこの言葉には、伊藤の故郷に対する冷めた視線がある。彼が求める故郷とは地理学上の土地という意味での故郷では決してない。それはもっと形而上学的な意味をもった「情報化されないもの、数字化されないものの集積」としての故郷なのだ。もちろん伊藤は、自分が希求するそんな故郷が高度情報化社会とは相入れないものであることを知っている。とすれば、伊藤の求める故郷は、「日向」という擬制的な「フィクション」として、宮崎という実在の土地の上にオーバーラップされざるを得ないものとなってくる。みずからの根拠としての故郷を求めながらそれを擬制的なものとしてしか規定できない苦しみ。逆説的な言い方にはなるが、『月語抄』(昭52)以来、伊藤が歌う故郷やその自然が理念的な美しさを保っていたのは、そのせいなのだ。

麦秋《むぎあき》や麦かがやける月の夜のまずしかりける心ぞ厳　『月語抄』
内にこそ怒りはむかうものなれば螢ながるる川に耐うるを
杉の木の秀《ほ》ごとの鷺の白寒しなんぢらただに子や残すべき　『火の橘』

月明に照らされた麦畑の光の乱舞。川面に流れてゆく螢の光の明滅……。これら故郷の自然の情景は、きわめてあざやかな印象を読者に与えうる素材だろう。しかし、伊藤はそれを写実的に歌おうとはしない。伊藤は、「まずしかりける心ぞ厳」といった性急な言葉によって、それらの情景を内面化してしまう。これらの歌に登場する自然の情景は、そのような作者の内省的な視線によって理念化されている。それだからこそ、これらの情景は、一種凄絶な緊張感にみちた美しさを湛えているのだ。

作者の内省的な暗い情念によって実在性が希薄になってゆく、その瞬間に、刹那的な輝きを放って立ち現れてくる自然。初期の彼の歌に登場する自然はそんな相貌をもっていた。彼が要請する故郷「日向」とは、彼の視線の中にある自然の凄絶な美しさを背後で支えていた「フィクション」だったのである。そして、自分の表現の根拠をその擬制的な故郷に求めようとする

「あやふさ」を一番よく知っていたのは、ほかならぬ伊藤自身だった、といってよい。しかしながら、いま彼は冒頭にあげた歌のように歌う。擬制的な故郷を表現の基点とすることの危うさ。その危うさをいま彼はあえて忘れ去り、自然の中に身を投げ出そうとしているのかもしれない。僕は、この歌の下の句に『森羅の光』（平3）において明らかになってきた、故郷の自然に対するスタンスの変化が象徴的に表現されていると思う。

たとえば、『森羅の光』を読み進めてゆくとき、僕の心にひっかかったのは次のような歌だ。

淡黄の花おのづから実となしていとほしみ養《か》ふ黒文字の雌木《めぎ》　『森羅の光』

赤き実と浅緑の実と姉弟《きやうだい》のごとくに春のさるとりいばら

馬刀葉椎《まてばしひ》の幹に凭れて君の言ふ村の未来をわれも恃まむ

からびたる風船葛の果《み》の中にちひさくしろきハートぞありし

正直に告白するなら、これらの歌に出てくる「黒文字」「さるとりいばら」といった植物が、いったい具体的にどんな形をしているのか、植物に疎い僕にはよく分からない。この歌集にはその他にも緑啄木鳥《あをげら》・猿掻《さるかき》・穭《ひつぢ》などマイナーな動植物の名前（僕がそう思うだけなのかもしれないが）が頻出してくる。たしかに、これまでの伊藤の歌にも、動植物の名はよく出てきた。

しかしながら、それらの名詞はもう少しポピュラリティーを持つものが多かったし、その使用回数もこの歌集ほど夥しいものではなかったようだ。

このことは、おそらく、伊藤の短歌観の変化と密接に関係している。自然を自らの視線のなかで理念化する傾向のあった以前の彼なら、このような具体的な動植物の名が歌に流入してくることを、決して許しはしなかったはずだ。それらの名詞は、常にもう一段抽象度の高い「木」だとか「鳥」といった言葉にとって代わられていただろう。自分の内へ内へと向かう彼の視線は、眼の前にある自然の微細な具体性に即くことを許さなかったのである。

が、いま伊藤は、「風船葛」のなかに「ちひさくしろきハート」を見出すような、慈しみに満ちた繊細な視線で自然の具体性を見つめている。そのような伊藤のまなざしの中で自然は、以前のような凄絶な美しさをものとして立ち現れてはこない。自然は、以前よりもっと濃やかな形で伊藤の全存在に浸透し、彼の存在を侵犯してきているのだ。「森羅の中に生きている、いや生かされている(3)」という後記の言葉は、いま伊藤が感じている「侵犯する自然」を指した言葉だと言ってよい。

しかし、このことは表現者としての伊藤(生活者としての伊藤ではない)にとって本当に幸福なことなのか。

僕にはそうは思えない。自然への視線がより具体的になったこと、それは同時に、伊藤の自分自身へのまなざしが変化したことでもある。それはみずからの立場に「運命愛」を感じようとする彼の人生観の変化にも関わっているのだろう。実際『森羅の光』にも、人生に対する感慨を歌った歌が、僕たちには馴染みが深い「伊藤調」に乗って何度も何度も登場してくる。

黒映《くろはえ》の空の昏れたりかなしみをかなしみ得ざる壮年を生く
生きがたき青春過ぎて死にがたき壮年にあふ月光痛し
かなしみのうすれゆくことかなしきに月の夜を空に咲くごとき花
『森羅の光』

傍線をつけた部分に、彼の現在の人生に対する心境が表出されているのだろう。これらのフレーズのなかにあるのは「壮年」という意識に裏打ちされた生の空漠感のようなものだ。もちろん、伊藤が生の空漠感を歌うのは、なにもこの歌集がはじめてではない。それどころか、「ああされど鳥うずくまる夜の内部《うち》に入りゆきがたきわれも幽暗」(『月語抄』)といった歌に明らかなように、それは彼の歌の主要なモチーフのひとつだった。しかしながら、このような以前の彼の歌と『森羅の光』の歌との間には、その空漠感に微妙な質的な差異があると思う。以前の彼が歌う空漠感の背後には、つねに「夜の内部」を見つめるような自己凝視の意識が存在していた。彼の歌う空漠感は、自己凝視という真摯な行為に必然的につきまとってくる空漠感であったといえる。読み手である僕たちがその空漠感にある種の力強さを感じたのはそのせいなのだろう。

それに対し、『森羅の光』に漂う空漠感はもっとあえかで淡い。

とぎれにし夢を想ひて朝明けをさまよひゆくにししむら重し
一夜さの過ぎたるのみに切口の枝のくれなゐあはれくろずむ
『森羅の光』

けだるい肉体を意識しながら、途切れてしまった夢を求めて街角をさまよう伊藤一彦。僕にとってそのイメージはひどく痛ましい。以前の伊藤なら、自らの生の空漠感を表現するのに、このような自分の姿を配合しはしなかったろう。いまの伊藤が直面しているのは「とぎれた夢を想ふ」ような、そんな無目的な出口のない空虚なのだ。その空虚感は何気ない庭先の小さな情景をとらえた二首目の歌の背後にも確実に漂っている。

思うに、おそらく伊藤は、いま深刻なニヒリズムの問題に直面している。高野公彦や小池光が直面し、それを乗り越えようと苦闘した中年のニヒリズムの問題は、伊藤にとっても無縁のものではないのである。

彼の自然に対する視線の変化も、根本的にはその問題に源を持つといってよい。伊藤にとっての自然は常に自らの自意識の対立項として存在している。彼の自然詠は、自意識が自然に対して働きかける抽象力と、自然が自意識に対してもつ浸透力という、ふたつのベクトルの危ういバランスのなかに存在していたのだ。前者が後者を圧倒していた『瞑鳥記』『月語抄』の時期、前者が緩和され後者との間にしだいしだいに美しい均衡が生まれ始めた『火の橘』『青の風土記』の時期。そして、『森羅の光』においてその両者の均衡は、以前とは逆の方向に向かって再び崩れはじめようとしている……。図式的に言うなら彼の歩みをそう位置づけることもできよう。

この歌集の自然は濃やかな具体性をもって伊藤の全存在に浸透する。そして、ニヒリズムに直面した伊藤の内面は、その浸透力を自らに対する慰藉としてやすやすと受け入れてしまっている。この歌集の自然詠が実に濃やかでありながら、どこか新鮮な発見に乏しいように思えるのは、そんなところにも理由があろう。

しかしながら、伊藤にはもう後戻りする道は残されてはいない。自らの加齢がもたらす空虚に真向いながら歌うしかないだろう。伊藤はいまその道を真剣に模索している。いや、言われるまでもなく、空虚を詩へと昇華させる彼のあらたな方向も、この歌集にはすでにほの見えていると思う。

夜深きにべうべうと鳴く声聞ゆびろびろびろびろわが犬こたふ
真顔にて世界支配をたくらむと少年言へり娑羅の木の下
やはらかき土踏みくれば山桃の樹下《こした》きらきら笑ふ女童
幾十の枝に襲はれし夢語る妻のぬばたま吾は知りがたし

『森羅の光』

これらの歌に登場する家族や生徒は、魅力的だ。これらの人々を伊藤は熟知して愛しているに違いない。しかしここで彼は、そのような親密な人々のなかに、なんとなくザラザラした他者の手触りを感じ取っている。親密になればなるほど、熟知すれば熟知するほど、なまなました形で立ち上がってくる他者の「他者性」。それを見つめつづけることは、自分の自意識で対象を抽象化することでもないし、汎神論的な対象の浸透力に身をまかすことでもない。その二項対立を越えた所にある、新たな表現の地平であるような気がする。

僕は、この歌集に登場する次のような自然の姿を、かぎりなく美しいものとして愛している。その訳は、これらの歌のなかで伊藤は自然の浸透力に虚無的に身をまかせながら、それでもなおその浸透力のなかに自らの手の届かない「他者性」を見出しているからだ。

四階の楽器店よりひややけく海見えゐるに誰ひとり見ず

『森羅の光』

朝日射し霧の霽れゆく寂しさと妻に言ひかけそれきりにしぬ
暁闇のうすれゆくとき空も地も骨のいろせるつかのまのある
青空ゆ来るかなしみに銀白の自転車たふし草むらにゐつ

風土を愛する、ということは、その風土のなかに自らを放擲することではない。その風土を常に新たな驚きとともに、自らの存在の内へ位置づけてゆくことなのだ。『森羅の光』のなかには、風土や故郷に対する伊藤の新たなスタンスが、ほの見えてもいる。

注

(1) 伊藤一彦『海号の歌』(平7、雁書館)所収。なお、この論考の掲出歌は次の伊藤一彦歌集によった。『瞑鳥記』(昭49、反措定出版局)『月語抄』(昭52、国文社)『火の橘』(昭57、雁書館)『青の風土記』(昭62、雁書館)『森羅の光』(平3、雁書館)。ただし『瞑鳥記』については『現代短歌文庫・伊藤一彦歌集』(平元、砂子屋書房)を参照した。
(2) 伊藤一彦『青の風土記』「後記」一七八頁〜一七九頁。
(3) 伊藤一彦『森羅の光』「後記」二〇六頁。

アララギ的文体というボディー

岡井隆の第一歌集『斉唱』(1)（昭31）は、高名な次の一首からはじまっている。

灰黄《かいこう》の枝をひろぐる林みゆ亡びんとする愛恋ひとつ　「二つの世界」

ある意味で岡井隆のデビュー作ともいえるこの一首は、発表以来四十年以上たった今でもその鮮度を失ってはいない。その鮮度の源泉は、いったいどこにあるのだろうか。

まず魅力的なのは、上の句「灰黄《かいこう》の枝をひろぐる林みゆ」というフレーズから想像される情景の美しさである。作者の目には、灰色のこまかな枝をのばす落葉樹の林が遠く煙るように見えている。枝が見えているのだから、葉は落ち尽くしているはずだ。したがって季節は冬。いや、木々は枝をひろげようとしているところからすれば、その冬も終わり頃、早春の頃のようにも感じられる。木々の枝は、あるいは春の訪れを予告するような細かな雨に濡れているのかもしれない。

しかしながら、実は、上の句の「灰黄《かいこう》の枝をひろぐる林」という表現には季節の表示もないし「雨」のことも書かれてはいない。「灰黄《かいこう》」は、本来黄色を主調とする色のはずなのだが、この歌の印象はかぎりなく灰色一色のモノトーンに近い。その灰色の静謐な印象が、春先の雨の連想につながってゆくのだ。

このような読みは、不当な深読みであろうか。そうとばかりは言えないだろう。具体的な記述がないにもかかわらず、僕たちは、この歌の上の句の情景を静謐な情緒のなかで感じとってしまう。それはおそらく、下の句の「亡びんとする愛恋ひとつ」というフレーズの影響によるのだと思われる。

「亡びんとする愛恋ひとつ」というフレーズは、失恋の心情を歌ったにしてはいささか素っ気ない。恋愛を体験しそれを失いつつある人物なら、いま自分が感じている感情を「ひとつ」という数詞では表さないだろう。まるで固体物かなにかを指すような「ひとつ」という数詞を自分の愛情に対して使いうる人物。それは自分の心情をしずかに見つめることのできる内省的な人物にちがいない。「愛恋」というほとんど死語に近い、明治初期の用語がもつ硬質なひびき。自分の愛情のかすかな変化を「亡びんとする」と描写する姿勢。この下の句にあるのは、いくつかの恋のなかのひとつがかすかに冷めつつあるという感覚であり、その感覚を冷静に見つめている作者の視線である。そのような寒々とした心情の印象が、上の句の情景の読みに微妙な影響を与えているのだ。

が、なぜ僕たちは、この歌の下の句を上の句に関連づけてしまうのか。考えてみれば、この歌の文体はきわめて不完全である。叙述内容は、第三句の末尾に置かれた「みゆ」という動詞によって鮮烈に切断されてしまっている。それに続く「亡びんとする愛恋ひとつ」という名詞節は、意味的・統辞的には上の句と何の関係ももってはいない。何の関係も示されないまま、目の前に投げ出された「灰黄の枝をひろぐる林」と「亡びんとする愛恋」。その両者の関係が歌そのものに記されてない以上、僕たち読者は、そのふたつのフレーズを自分の想像力によって繋ぎあわす必要にせまられる。「灰黄の枝をひろぐる林」という情景を、作者の心理の象徴としてうけとり、そこに静謐な情緒と色彩を見ようとした僕たちの読者の読みは、第三句に「みゆ」を置くこの歌の文体によってすでに方向づけられている、といってよいのだろう。

読者の想像力をこのように刺激して、上の句と下の句の間に「短歌的喩」(2)(吉本隆明)を成立させているこの歌の文体。それは、暗喩や象徴を多用した後の岡井の前衛短歌的な詠風の萌芽を示すものである。が、このような文体は、なにも岡井自身の独創ではない。それは、岡井隆がその初学期に目にしたであろう戦中期・戦後期のアララギの歌人たちの歌のなかに高い頻度で現れるものであった。

真日の下鳥海《てうかい》に雲の湧くが見ゆ淡々《あはあは》として多くのぼらず　土屋文明『少安集』（昭18）
石榴《ざくろ》の花のふかき紅《くれなゐ》しづみ見ゆ梅雨なかばなる今日夕明りして
吉田正俊『天沼』（昭16）
暁の光に柿の若葉見ゆ怒らず阿《おもね》らずなりし思ひに　小暮政次『新しき丘』（昭22）
海の上黄ににごりたる嵐見ゆ映写を終へて開きし窓に　近藤芳美『埃吹く街』（昭23）
霜どけの土の表面に埃みゆ風なぎはてて清きゆふべに　佐藤佐太郎『帰潮』（昭27）
秋さむき夜空にひらく花火《はなび》みゆ人工もかく美しくして

このような岡井の先輩たちの歌を見てゆくと、第三句に「見ゆ」を置く文体が、戦中期・戦後期のアララギのなかで、いわば通貨として流通していた文体であったことが明らかになる。「斎藤茂吉→山口茂吉→佐藤佐太郎→柴生田稔→土屋文明→吉田正俊→近藤芳美といった大体の順序で、一人につき約三月間位ずつ熱中し模倣し、つぎつぎに愛を移していった[3]」「（小暮政次は）若者たちからは、敬して遠ざけられる傾向にあったのであり、その技巧の冴えは、戦後アララギ随一といわれながら、あるいは思想性がない、あるいは軽量である、などと見られていた。それでいて、わたしたちは、この人を怖れ、この人の技術から盗めるだけのものは盗んだのであった」(4)とみずから回想する岡井隆が、これらの歌の文体を学ばなかったはずはない。「灰黄の」の一首は、偶発的に作られた歌ではなく、このようなアララギ内部での文体の累積の上に成り立った歌であったのだ。

第三句の末尾に「見ゆ」を置くこの文体は、読者にくっきりとした映像的な印象を与える効果をもつ。とくに「暁の光に柿の若葉見ゆ」「海の上黄ににごりたる嵐見ゆ」「秋さむき夜空にひらく花火みゆ」というように、名詞に直接「見ゆ」を接続させる文体は、その名詞で指し示された情景を強烈に読者に印象づけるといってよい。その意味で、対象の即物性を強調しようとしたこの時期のアララギの歌人たち、とくに土屋文明門下の歌人たちにとって、この文体は即物的な描写のための強力な武器となりえたのである。岡井の「灰黄の枝をひろぐる林みゆ」が明瞭な映像性をもっていると感じられるのも、基本的には、このような文体の機能によるところが大きい。

しかしながら、岡井の「灰黄の」の一首と、それ以前の歌は、ある一点で微妙に異なっている。それは、岡井が先蹤としたアララギの歌人たちの歌の上の句と下の句の関係を見るとあきらかになるだろう。

・真日の下鳥海《てうかい》に雲の湧く——→淡々《あはあは》として多くのぼらず

・石榴《ざくろ》の花のふかき紅《くれなゐ》しづみ──→梅雨なかばなる今日夕明りして
・暁の光に柿の若葉──→怒らず阿《おもね》らずなりし思ひに
・海の上黄ににごりたる嵐──→映写を終へて開きし窓に
・霜どけの土の表面に埃──→凪なぎはてて清きゆふべに
・秋さむき夜空にひらく花火《はなび》──→人工もかく美しくして

このように見ると、ほとんどの歌の下の句は、上の句の情景の時間的・空間的な補足や、解釈としてのみ機能していることがわかる。唯一自分の心情の変化を述べている小暮の「怒らず阿らずなりし思ひに」という下の句も、その末尾には理由を表す格助詞「に」がつけられており、倒置法的なかたちで、上の句との接続が図られている。その意味で、これらアララギの歌人たちの歌は、文体的には完結性を保っており、上の句と下の句が意味的にも統辞的にも断絶している岡井の「灰黄の」の一首とは微妙に異なっている、と見てよい。

このことに関連して、岡井は後年、滝沢亘の歌の解説のなかで、次のような興味ぶかい発言を行っている。

対岸に蒲団敷きゐる二階みゆあたたかさ欲りて来しかと思ふ　（大辻注・滝沢亘の歌）

「……見ゆ」「……みゆ」と、特に三句で切って下の句に期待する作法は、滝沢の好んだところである。（ついでにいうと、わたしも好きだった。）視覚的な作法といっていいだろう。右の歌にみるように、下の句になにを持ってくるかで価値がきまる。不即不離というのが理想だが、すこし、已れにひきつけて、上の句をかるく補足する心。それがあり、その微妙な、上下句間の距離のとり方で、歌の生死がきまったのだ。

（岡井隆「『白鳥の歌』を中心に」現代歌人文庫『滝沢亘歌集』解説(5)）

この文章からうかがえるのは、若い岡井が第三句に「見ゆ」を置く文体を好み、その文体のなかにある可能性を見出そうとしていたという事である。彼は、この文体でもって上の句の情景の視覚性を強調し、それを「已れにひきつけ」た下の句と微妙な関係で接続することによって、上の句と下の句のあらたな緊張関係を一首の内に持ち込もうとした、といってもよいだろう。この岡井のなにげない言葉のなかには、このアララギ的な文体がもつ叙述の可能性を極限まで試そうとした、彼の若い日の熱意を感じとることができる。

実際『斉唱』のなかには、この「見ゆ」の文体を用いながら、新たな世界を切り開いている美しい作品がいくつか収録されている。

常磐線《じようばんせん》わかる深きカーヴ見ゆわれに労働の夜が来んとして
ひしひしと冬樹《ふゆき》のかこむ窓は見ゆこころ或いは不在をねがう
声あげて背中をおこす山羊が見ゆ寄りて嘗てのごとく和まん
執拗に沙《いさご》を襲う鴉見ゆ次第にあらあらしわが感傷は

『斉唱』

どの歌も、情景と心情とが緊張感をはらみつつ美しく対峙している。それは、これらの歌の下の句に、他のアララギ歌人にはない大胆な主情的表現が挿入されていることに起因している。これらの歌では、下の句に主情的な表現が挿入されることによって、上の句に登場する「カーヴ」や「窓」が、作者の屈折した心情と何らかの関係をもつ物象として象徴的な意味を担って来ている。アララギ内部において単に上の句の情景を補足するためだけに利用されてきたこの文体が、岡井の歌においては、しだいしだいに象徴的表現を支える枠組みとして機能して来ているのである。そしてその傾向は、その後の「砲身をふかくしずむる一基見ゆ撃ちまくらるる前のものうさ」(『土地よ、痛みを負え』)(昭36)という政治詠や、「若萌えの木うれにあそぶ風は見ゆおもねりてすぐむしろ清しき」(『朝狩』)(昭39)という思想詠へと発展的に継承されてゆく。これら一連の類歌には、第三句に「見ゆ」を置くこの文体が内包していた利点を方法的に利用することで、徐々にみずからにふさわしい象徴的手法を完成させていった岡井の軌跡がはっきりと刻印されているのだ。

若い岡井がアララギの文体から学び、それを深化させていった例は、何もこればかりではない。

一瞬《いっしゅん》四囲《しゐ》音なしと思ふまで静かにもり上る黒き橋桁《はしげた》　土屋文明『少安集』

戦《たたかひ》はそこにあるかとおもふまで悲し曇のはての夕焼　佐藤佐太郎『帰潮』

法廷を降り包む雪をおもうまで谺を曳けり一語一語は　岡井隆『斉唱』

黒き幹は君が筆触《タッチ》を思はしめ若葉明るき今日の夕ぐれ　小暮政次『新しき丘』

キリストの生きをりし世を思はしめ無花果《いちじく》の葉に蠅が群れゐる　佐藤佐太郎『帰潮』

甦《か》えす力なきは一国を思わしめ昏々とせる瞼見おろす　岡井隆『朝狩』

第三句に「思ふまで」や「思はしめ」を配置して上下句を接続する、このような歌の文体もまた戦中期・戦後期のアララギ内部でしばしば利用されてきた文体である。この文体は心情表現と情景描写を、論理的な形で関係づけるかなり強引な文体だといえる。この文体を用いた文明・政次・佐太郎らの歌を、このように制作年代順に並べてみると、岡井の歌がアララギの先輩たちの発想（とくに佐太郎の発想）を継承しながらも、上の句と下の句の懸隔をぎりぎりまで広げ、上下句の間に象徴的な関係・暗喩的な関係を生み出そうとしている様がうかがえる。彼は、アララギ内部で流通した上下句を接続するいくつかの文体を模倣し、その文体が内包する詩的な発想の形式をみずからのものとすることによって、象徴や暗喩に連なる自分の詩脈を掘りさげていったのだとも言えよう。

前衛短歌史の通説によれば、岡井隆は、塚本邦雄の短歌と接触することによって、その象徴的手法をみずからの写実的な文体のなかにとりいれていったのだ、ということになっている。が、そのような説明は、事実の一面しか指し示してはいないだろう。若い岡井は、自分の出発点であるアララギ的な文体の可能性をぎりぎりまで試そうとした。佐太郎の『帰潮』の文体的成果を継承しつつ、その文体の可能性をみつめ直すなかで、岡井はすでに塚本短歌と出会うまえに、彼なりの象徴的な詠法を確立しつつあったのではなかったか。彼を塚本の象徴的手法に出会わしめたものは、実は戦中期・戦後アララギの文体そのものだった。文体に導かれて彼は喩と出会ったのだ。

歌人がその出発点で出会った文体。それはまるで烙印のように、その歌人の歌に刻印され、その歌人の詩的なボディーとなる。四十年以上にもわたる岡井隆の詩的営為を導いて来たのは、実はアララギ的文体という柔軟なボディーほかならなかった。その意味で岡井隆は、思想歌人などではなく、終始一貫して文体の不思議な力に導かれてきた、技術の人だったのかもしれない。

注

（1）岡井隆『斉唱』（昭31、白玉書房）。表記は『岡井隆全歌集Ⅰ』（昭62、思潮社）によった。

（2）吉本隆明「短歌的喩の展開」『吉本隆明著作集』第5巻（昭45、勁草書房）二八九頁～二九〇頁。初出は「短歌研究」（昭35・6、短歌研究社）。

（3）岡井隆「土屋文明とその一派」『戦後アララギ』（昭45、短歌新聞社）一〇三頁。

（4）岡井隆「戦後アララギの群像（二）」岡井隆コレクション3『前衛短歌論集』（平6、思潮社）一九七頁。

（5）岡井隆「『白鳥の歌』を中心に」『現代歌人文庫・滝沢亘歌集』（昭62、国文社）解説二〇七頁。

岡井隆が問いのこしたもの

去る三月七日（平5）、僕は、大阪で行われた「マージナル・フェスタ」に参加した。この集会は「玲瓏の会」が主催するもので、今年はその二回目にあたる。

第一部は、「ベテラン歌人vsニューウェーブ歌人」と題されたパネル・ディスカッションだった。原田禹雄・安森敏隆といったベテラン歌人と、林和清・吉川宏志・尾崎まゆみといった若手歌人とが、世代の差を超えて、現代短歌の問題を話し合おうとする企画で、僕は期待しながらその討議を聞いていた。

そのなかで、僕が特に印象ぶかく感じたのは、松平盟子の皇太子祝婚歌を新聞紙上で見たときの衝撃を、いらだった口調で語っていた吉川宏志の姿だった。吉川はその発言のなかで、松平の祝婚歌が、皇室の婚姻という公の行事を讃える「短歌らしい」文体を持っていると指摘した。そして、その「短歌らしさ」が、天皇制という公の制度と親和しがちであり、そのなかに容易に回収されてしまいがちである、という危険性について述べていた。

この吉川の発言は、即座に、彼と同世代の林和清や尾崎まゆみからの激しい反論にあうことになる。三十一拍という定型を短歌の最終的な必要十分条件として考えている林和清は、吉川のいうような「短歌らしさ」が存在することに対して懐疑的であった。また、尾崎まゆみは、吉川に対して、彼のいう「短歌らしさ」をもっとはっきり定義することを求めた。その尾崎の追求に対して、吉川は「短歌らしさとはこういうことです」といって、先にあげた松平の歌をもう一度朗唱するほかなかった。

僕はその討議の過程を実に興味深く聞いた。吉川が「短歌らしさ」という言葉で、短歌特有の抒情性を表現しようとし、それが公の制度との親和性をもつということを指摘したこと。短歌には、三十一拍という外面的な形式以外に制約はないと考える林や尾崎が、吉川のいう「短歌らしさ」の論理的な定義を求めたこと。それに対して、吉川は「短歌らしさ」の論理的な定義を提出することができず、短歌を朗々と読み上げることしかできなかったこと。彼らの討議を聞いて僕は、そのなかに、戦後の短歌否定論と前衛短歌に関する、原型的な問題地平が、なんとなく顔をのぞかせているような気がした。その直感を、僕はここで、もうすこしくわしく検証してみたい、と思う。

1

吉川らの発言を聞いて僕が想起したのは、実は、吉本隆明と岡井隆の間でかわされた昭和三十二年の「定型論争」であった。

「短歌研究」（昭32・2）に掲載された「前衛的な問題」のなかで、まず吉本は、赤木健介の口語自由律短歌を例にあげて、自己の定型観をつぎのように述べ、論争の口火を切る。

赤木のような口語、破調のこころみが短歌の世界で続けられている根拠は、五・七の基本律のワクが、日本の社会的なヒエラルキイのワクと構造をおなじくし、五・七律の感性の秩序と現実の秩序とが対立関係にあるという発生史的な考察にある。そして、元良勇次郎などの明治における五・七律の実験心理学的な分析などがこれを側面から支持するような関係にあるということができよう。

ここで、歌人の内部の感性の秩序が変革されたとき、五・七の音数律のワクは破壊を余儀なくされるという考えがおこるのは当然であって、わたしはこういう考え方にきわめて同情的である。

（吉本隆明「前衛的な問題」「短歌研究」昭32・2）[1]

岡井隆が反発したのは、この一節である。彼は、「短歌研究」の同じ号に掲載された「定型という生きもの」のなかで、即座に次のように反論する。

吉本のいう〈五・七の基本律のワクが、日本の社会的なヒエラルキイのワクと構造をおなじくし〉というのは、果して、昭和における、いかなる学的考察に立脚するものであろうか。（略）吉本のこういう短歌観なり定型観は、みられる如く、何らの実証的手だてをへたものではなく、明治の実験心理学者一人をお供につれて、ほとんど天降るていいのものだ。それは、完全に解明ずみのものとして、ここにのべられている。あるいは、全く、飛躍的な仮説として、おどり込んで来る。秩序の対応関係などというが、それでは古代社会の秩序と、古典短歌が近代短歌としてよみがえった昭和中期の社会秩序とを、どう一貫させようとするのだろう。

（岡井隆「定型という生きもの」「短歌研究」昭32・2）(2)

僕は、以前から、この両者の定型論議のあいだには、微妙なズレがあるのではないか、と思って来た。彼らの論議が微妙にかみ合わず、定型がはらむ本質的な問題を正しく射当てていないような気がしてならないのだ。

岡井が反駁するように、たしかに吉本は「五・七の基本律のワクが、日本の社会的なヒエラルキイのワクと構造をおなじくし」云々といっている。しかし、吉本が本当に言いたいのは、おそらくそのことではない。この論文の他の部分を読めば明らかなように、むしろ彼は、「五・七律の感性の秩序」の内実こそを問おうとしていたのではないだろうか。「五・七の基本律のワク」が「歌人の内部の感性の秩序」と何らかの関係をもつ。そのような直感的な認識のもとで、吉本は自分の論をすすめているといってよい。

とすれば、彼の発言でより重要なのは、「五・七の基本律のワク」と「歌人の内部の感性の秩序」とがどのような相関関係にあるのか、という問題だということになる。「歌人の内部の感性の秩序」。それは言い換えるなら、歌人の内部における感性や認識の形式のことだといえよう。したがって、吉本がこの論考のなかで考えようとしていたのは、たとえば、臼井吉見が「短歌への訣別」（昭21）のなかで指摘したような、短歌定型と日本人の感性の関係の問題だといえよう。

臼井は「短歌への訣別」の中ですでに次のように指摘していた。

かく考へるとき、短歌形式が今日の複雑な現実に立ちむかふ時、この表現的無力は決定的であるが、それよりも重要なのは、つねに短歌形式を提げて、現実に立ちむかふことは、つねに自己を短歌的に形成せざるを得ないという事実である。短歌形式は所詮認識の形式にほかならぬからである。

（臼井吉見「短歌への訣別」「展望」昭21・5[3]）

「短歌形式は所詮認識の形式にほかならぬ」とするこの臼井の主張は、吉本の主張と共通の基盤に立っている。「五・七の基本律のワク」と「歌人の内部の感性の秩序」との関連を追求した吉本の論は、「短歌形式」と「認識の形式」との同一性を説いた、臼井の短歌否定論と同じ問題をより深い次元でとらえ、短歌定型の本質そのものに即して論じようとしたものであった。それは、後の岡井の言葉を借りれば、定型の本質を見すえた「短歌的認識の射程測定とその限界乃至は本質究明の問題」（『現代短歌入門』第十四章[4]）にほかならなかったのである。

もしこの時点で、岡井が吉本の提起した問題を正確に理解し、それをみずからの考察課題としていたなら、この論争は、短歌定型と、日本人の感性・認識の形式との関係にあらたな光を当てるものとなっただろう。しかし現実にはそうならなかった。この時点の岡井隆は、吉本の論文が内包しているこのような本質的な問題に気づくことがなかったのである。

両者の論旨の微妙な食い違いの原因は、おそらく以上のような事情によるものだ。吉本は、短歌定型と日本人の内部にある感性の形式の関係を、射程の長い歴史的視野に立って「発生史的」に問おうとしているのに対して、岡井は、主に、短歌定型と社会的な「ヒエラルキイ」の関係を、自分が生きている時代と直結した「昭和中期」「昭和」といった狭い歴史的視野に立って問いなおそうとする。

両者の問題意識のズレはそれだけにとどまらない。岡井は、自己の問題意識と吉本の問題意識が異なっていることを検証しないまま、吉本の理論の論理的な弱点を容赦なく突く。それは、「五・七の基本律」と「ヒエラルキイ」の関係を説く吉本の理論が、実証的手だてを経ていない「飛躍的な仮説」にすぎないという点である。吉本はその後の論争文のなかで、この岡井の批判に答えようとするが、その論証は、決して岡井を納得させるものではなかった。

このような論争の過程を見てゆくとき、僕自身は、むしろ吉本に対して同情を禁じえない。冒頭にのべたエピソードに引きつけていえば、「ニューウェーブ歌人」たちから、「短歌らしさ」の理論的な定義を求められて、短歌を朗々と読むしかなかった吉川宏志の姿は、岡井から、実証的な論証をもとめられて沈黙した吉本の姿とどこかでかさなるのだ。短歌定型と、日本人の感性の形式との歴史的な関係を、「発生史的」に解きあかそうとする吉本のこころみ。それは、日本人である自らの存在の深層にある、感性の形式と定型への親和性を見つめ直す解釈学的なこころみであり、岡井の求めたような自然科学的・実証科学的な論証にはそぐわない。周知のとおり、吉本はこの論争ののち「五・七律の感性の秩序」の発生問題を、古代歌謡にさかのぼって考えようとしてゆく。それに対して、岡井は、現在に至るまで「実証的手だて」にもとづいた吉本仮説への反証を提出し得てはいないように思われる。

岡井隆はなぜ、吉本が示唆したような定型論の歴史的な問題地平に気づかなかったのか。また気づいていたとすれば、なぜ、それを意識的に無視したのか。それを確かめるには、定型に関する当時の岡井の発言に注目してみなくてはなるまい。

2

岡井隆の論考のなかには「短歌定型と、感性の形式との歴史的な関係」という問題に触れたものがないわけではない。昭和三十八年に書かれた「これからの定型」という彼の文章のなかには、佐佐木幸綱との定型をめぐる興味深いやりとりが、岡井の視点から記録されている。

ところで、佐佐木幸綱は、わたしに会うたびに、この「定型意識論」を反駁する。かれはいうのだ、定型詩論を定型意識（とくに限定の意識）を中核としてきづく基礎をつくったのは塚本邦雄の短歌であって、従来の伝統的な定型詩はそういう限定意識をもって作られてきたものではないのだ、と。そして、短歌や旋頭歌をつくるときに重要なのは、むしろ限定意識ではなくて、われわれ日本人が代々うけついできている特殊な韻律感覚ではないか、それはむしろ意識されるところの少ない、生得の、「血」の潜在的な機能によるのではないか、と。

（岡井隆「これからの定型」(5)）

佐佐木は別の文章（『作歌の現場』）のなかで、「定型」ということばのかわりに「短歌形式」という語を用いることを提言している。そのような用語を使うのは、彼が短歌の様式を、任意にさだめられた「定型」としてではなく、「何代、何十代にもわたって一つの〈形式〉を支持して来た先人たちの感性の集積」としてとらえようとしているからだ。そして、その集積された先人の感性が外化されたとき、短歌の「形式」はそれ自身「社会性、公性、制度の具現[6]」として機能することになる。短歌形式のもつ歴史性に注目する佐佐木のこのような短歌観は、「五・七の基本律のワク」と「歌人の内部の秩序・社会的なヒエラルキイ」との密接な関係を説いた吉本の定型観を、より根源的な形で継承したものであることはあきらかであろう。

ところが、岡井は、このような佐佐木の短歌観に対して、次のような微妙な発言をするのだ。

むろん、佐佐木の設論は、「血」というような分析不能の概念をもち出してきて強調しているのだから、論理的な説得力をいちじるしく欠いている。だが、はたして論理的に分析してとり出した結論を綜合しようとするときに、佐佐木以上にうまい説明が、合理主義者にできるかどうかは、わからない。

（岡井隆・同右）

五年前に行われた吉本との論争のときとはちがって、ここで岡井は、佐佐木の論の実証的な論証をあからさまに求めてはいない。しかしながら、だからといって、彼はここで佐佐木の論を無条件に認めている訳ではない。岡井はここで、佐佐木の短歌観を、合理的には論証不可能なものとして放置している。佐佐木が提起した問題は、「詩作」における定型の機能という問題へと巧妙にすり替えられてしまう。同様の態度は、この文章と同時期に書かれた『短詩型文学論』（昭38）のなかにも見いだすことができる。

古来、わが民族の生んだ定型詩には、旋頭歌、仏足石歌もあり、中近世歌謡のごときものを入れれば、多種にわたる。が、近代および現代の日本人が実作の場で継承したのは、主として短歌・俳句の二定型であった。この事実は、従来も注目されていて、これをもって、日本人の感性あるいは日本語の本質と、これらの二定型との間の親和力に関する神秘主義的な証明の根拠とされたことさえあるのである。

わたしは、この種の神秘説をやぶるに足るなんらの新説を用意しているものではない。しかし、各時代時代が、たんに旧い定型を継承するにとどまらず、新しい定型を要求し、それを創造するのに、なんのためらいもいるまい、とはかんがえているのである。

（岡井隆『短詩型文学論』「総括のために」(7)）

ここでも岡井は、短歌・俳句の定型が「日本人の感性」との親和性をもつ、という考え方を、「神秘主義」ととらえている様子がうかがわれる。しかしながら、彼は、その「神秘主義」に対して反証を示そうとしてはいない。ここで岡井は「日本人の感性」と「定型」の親和性という問題の解決を先送りにして、「新しい定型の創造」という、実作面の問題へと論点を移動させてしまっている。

「五・七の基本律」と「歌人の内部の感性の秩序」の関係を説く吉本の主張、「短歌形式」と日本人生得の「血」の関係を説く佐佐木の主張、そして、「定型」と「日本人の感性」の関係を説く短歌否定論者らの主張。昭和三十年代の岡井は、これらの主張に対して明確な反証を示すこともなく、これらの主張が実証不能な「飛躍的な仮説」や「神秘主義」であるとして、みずからの問題意識のなかから排除しようとしてきた。このような態度をとる以上、自分自身のなかに流れる民族の「血」（佐佐木）に対する内省的な省察は、岡井の認識のなかから、きっぱり抜け落ちてしまわざるを得ないだろう。日本語という言語を使う民族が歴史的な形で積みあげて来た感性の形式。日本語にかかわる以上、自分自身に必然的にまとわりついてくる言葉のイデオロギー性。そして、それに支配されざるを得ない自己の感性……。仮に、それらが存在していると仮定するなら、これらの問題を問いうるような地平は、岡井の定型論のなかには、見出すことができない、ということになろう。
定型に対する非歴史主義ともいうべきこのような岡井の態度は、決して偶発的なものではない。むしろ、その態度は、実作者意識に裏づけられた彼の定型観にしっかりとその基礎をもっている。岡井は、吉本と論争した時点において、みずからの定型観を、すでに次のような端的な形で表現していた。

たしかに、すぐれた短歌作品にあっては、必ず定型が生きている。定型は、その時、死んだワクとして、ただ単に、散文的な文脈を、一定の長さで裁断する作用をするのではなく、生き生きとよみがえり、外から、強い求心力を加えることにより、言葉の組織化に役立っている。定型とは、この、言葉の組織化過程における、外的な側面の別名だ。
（岡井隆「定型という生きもの」(8)）

短歌定型は、「言葉を組織化するための求心力」である。このきっぱりとした断言において、岡井は短歌定型をきわめて機能主義的な視点から定義づける。それは、短歌定型を、日本人の感性とか、歴史性とかいった心性の問題から峻別し、短歌定型がはらむ問題を純粋に言語論的な領域に措定しなおそうとしたものであった。したがって「定型詩人」である歌人に必要なのは、定型を「純粋に外的な、言語組織方式として」駆使するような「覚めた定型意識」である、ということになる。歌人が覚めた定型意識を持つことによってはじめて、短歌定型と「感性言語」との因襲化された結びつきを断ち切ることが可能になる。この時点において、岡井は、みずからの定型観にそのような可能性を見ていたといってよい。

このような岡井の機能主義的な定型観が、現代短歌にいかなる可能性や成果をもたらしたかは、ここで改めて述べるまでもないだろう。短歌定型とは、あくまでも「言葉を組織化する方式」であって、日本人の感性やその歴史性とは、とりあえず無縁なのだ……。短歌定型の歴史的な文脈に対するニュートラルな性格を、理論的に保証した岡井の定型観があったからこそ、歌人たちは、短歌定型というものを、純粋に方法論的な見地からのみ見ることができるようになり、短歌定型をより効果的な言語組織の方法として磨きあげることができるようになったのだ。

その意味で、岡井が打ち出したこの定型に対する考え方は、現代短歌の方法論的な模索を根本から支えた、理論的な保証であったということができる。

しかし、問題はそれですべて解決したのだろうか。

3

岡井の定型観をこのように検証していくとき、僕たちはひとつの疑問に突き当たらざるを得ない。それは、岡井隆はこのような定型観を持つことによって、「第二芸術論」とよばれた戦後の短歌否定論をほんとうに克服しえたのかどうか、という疑問である。

臼井吉見が「短歌への訣別」で主張したのは、短歌という形式に依拠するかぎり、日本人は現実に対する批判的な精神を持ちえない、ということであった。彼の批判のなかには、当然、そのような問題をはらんだ短歌形式を、なぜ、日本人は千三百年の間、自己表現の形式として使用し、存続させてきたのか、という問いかけを含んでいたはずである。それは同時に、臼井自身の存在の根底にある、自己の民族性への問いかけでもあったはずだ。臼井の短歌否定論が、桑原武夫や小田切秀雄といった、他の「近代主義者」たちの短歌否定論にない切実さをもっているのは、ひとえに、このような彼の自己省察の深さによるものだ、といってよいだろう。

この臼井の問いかけが、短歌形式によって自己形成を果たした近藤芳美・宮柊二などにとって、どれほど重いものであったかは、想像に難くない。それは、彼らにとって、文学の問題というよりも、自分の生き方そのものの問題であった、ということができよう。

たとえば、近藤の次のような文には、戦後の短歌否定論を、みずからの生き方に関わる問題としてとらえなおそうとする、彼の態度が明確に現れていると思われる。

この吾々の生き方から吾々の作品、「新しき短歌」は規定される。約めて言へば、最も誠実に現実に対し得たものが、その現実の中から把へ得た短歌である事。更に誠実に生きることは、現実を正視すると共に、現実を科学の「必然」として同時に認識し得る生き方の事である。

（近藤芳美「新しき短歌の規定」昭22[9]）

近藤が理想とする「新しき短歌」とは、「誠実に現実に対し得たものが、その現実の中から把へ得た短歌」である。これは、むしろ文学上の規定というより「現実に誠実に対する」ような生き方・態度についての規定だったといってよい。

岡井の近藤批判は、まずもって、態度論を優先し方法論をないがしろにした、このような近藤の姿勢にむけられている。岡井によれば、近藤が「新しき短歌」の方法として称賛する「素材主義」は、しょせん「何らの新味もないごく素朴なナチュラリスムにすぎぬもの」であって、それは、戦後の混乱期にのみ通用した一時しのぎの「方便」にすぎない（『現代短歌入門』第二章[10]）。そして、岡井は、近藤の短歌において方法意識が欠如している原因を、彼の安易な定型感覚のなかに求めるのである。

近藤のいう口語脈の文語といった用語法への依拠も土屋文明理論のほとんどそのままの信奉であり、短歌という詩型にほとんど絶対といっていいほど依拠して作品を作りながら、不思議なことに、これを一つの定型短詩として認識しようとせず、五句三十一音の強度をためそうといった覚悟も少ない。内容のおもむくままに多少の破調など意にかけないといった態度はこういうところからきていると思われます。

（岡井隆『現代短歌入門』第十四章）[11]

岡井が、近藤たち「戦後派歌人」のなかに見た最大の欠陥は、この文章からはっきりわかるように、彼らが短歌定型の「強度」を有効に機能させる方法を自覚的に模索しなかったということだ。「戦後派の人たちにあって欠けていた方法の自覚とその純化」（岡井「新歌人集団をめぐって」[12]）。岡井がみずからの課題としたのは、極言すれば、戦後短歌に欠けていた定型の方法論を確立することだったといえる。「定型論争」から『短詩型文学論』にいたる、かれの実証科学的な定型の機能分析は、まさに、彼自身が戦後短歌に見た欠陥を、彼自身の方法で補完しようとし、戦後短歌を発展的に継承しようとするこころみだった、といってよい。

素材主義の限界があきらかになった昭和三十年代に岡井が「覚めた定型意識」の必要性を説いたということ。そのことには、以上のような状況論的な必然性があったと思われる。その判断は、基本的には誤っていない。しかしながら、問題は、岡井が端緒を開いた定型の方法論的研究が先鋭化してゆくにしたがって、そこからこぼれ落ちてしまったものがなかったか、ということである。

方法論を純化してゆくにしたがって問いのこされてしまったもの。それは、近藤たち「戦後派歌人」たちが行ったような、自己の内にある定型への親和性に対する省察である。岡井は『現代短歌入門』第二章のなかで、近藤の定型観を批判するために、昭和二十四年に語られた、次のような近藤の言葉を引用している。

僕らははじめから歌人であつた。定型詩人であつた。本当はすべて其処に行つてしまふ。吾々はあらゆる芸術型式を点検して、さうして歌人などになつたのではない。そんな理想的な呑気な出発をしたのではない。吾々が自分を、自分の拠つて居る文芸型式を自ら考へようとした時、僕らは皆すでに歌人であつたのだ。定型と文語脈の美しさを愛し、短歌型式により吾々の刻々の生をたしかめ、作品として固定させて行く歌人であつたのだ。

（近藤芳美「短歌の用語に就て」昭24[13]）

この文章で近藤が語ろうとしているのは、岡井がここから読み取ろうとした「定型への居直りに近い信頼感」などではない、と思われる。ここで近藤が語っているのは、彼が自らを表現しようとした瞬間に、すでに短歌形式のみを選択してしまっていた、という現実的な運命なのであり、そのような無意識的な選択を自分になさしめた、自分の内にある「何か」へのおののきなのではなかろうか。近藤は、そのおののきを契機として、実証的な論証など届き得ない、自己の存在の根底にある短歌定型への親和性を見つめなおし、問いなおそうとしている、といってもよい。

あらゆる任意の定型のなかから、自分は、なぜ短歌定型に惹かれてしまったのか。そして、自分はなぜ、それを自己表現の手段として知らず知らず選んでしまっていたのか、そのような問題に対する答えは、短歌定型の機能をいくら詳細に分析しても、見いだすことはできない。それは定型をいかに機能させるか、という方法論では、原理的に問えない問題である。自らの無意識的な深層にある歴史的な感性の累積を、明るみにひきだし、その問題にせまろうとする態度は、岡井の方法論的追求のなかには、残念ながら、ない。それは、岡井の詳細な定型論のなかで、ついに問いのこされてしまったものなのだ。岡井隆が昭和三十年代に行った営為は、そういった意味で、戦後の短歌否定論が指し示した問題の克服ではなく、その回避ではなかったのか。

短歌定型を、自らの存在の内部にある歴史性から切り離して、言語を組織する方法としてのみ純化してゆくこと。そのような歴史的文脈から遊離した方法論的探究のなかで、短歌定型は、すべての歴史的・社会的責任から免罪されているかのように、自らを偽装してゆくだろう。その結果、自己目的となった短歌定型は、その意図とは逆に、みずからの外部にある現実への抵抗力をしだいしだいに失ってゆくだろう。現代短歌にゆたかな可能性を与えた岡井隆の定型論は、その当初から、そのようなアポリアに陥る危険性をはらんでいたのだ。

これはなにも、岡井隆個人の問題ではない。加藤治郎・穂村弘をはじめとする、僕たちの世代のすぐれた才能は、三十一拍という短歌の外面的な形式のみを最終的な基盤として、これからもさまざまな方法論的模索を続けていくことだろう。その冷めた機能主義的な定型観は、昭和三十年代に岡井隆が行った方法論的模索の本質を、真の意味で継承している、といってよい。その先には、現代短歌のあらたな可能性がひろがっていることを、僕は疑わない。

しかしながら、そのような方法論的探究のみが先鋭化してゆくとき、現代短歌が直面せざるを得ない危険性についても、僕たちは自覚的でなければならないのではないか。歴史的文脈から遊離した短歌が、逆に、そのなかに何の抵抗もなく回収されていってしまう、という事態は、すでに僕たちの前に存在しつつあるのだ。

現代短歌はどこへ行こうとしているのか。究極のところ、それは、誰にも分かりはしないだろう。ただひとつ確かなのは、現代短歌に関わる僕たちすべてが、岡井隆の定型論が指し示している問題の地平の上に、いまもなお立っているということだけだ。

注

(1) 吉本隆明「前衛的な問題」「短歌研究」(昭32・2、短歌研究社)。『吉本隆明全著作集』第5巻(昭45、勁草書房)二〇九頁〜二一〇頁。

(2) 岡井隆「定型という生きもの」「短歌研究」(昭32・2、短歌研究社)。岡井隆コレクション1『初期短歌論集成』(平7、思潮社)三二四頁〜三二五頁。

(3) 臼井吉見「短歌への訣別」「展望」(昭21・5)。『現代短歌大系』第12巻(昭48、三一書房)二二七頁。

(4) 岡井隆『現代短歌入門』(昭44、大和書房)第十四章「短歌における文学運動」。岡井隆コレクション2『短詩型文学論集成』(平7、思潮社)三七八頁。

(5) 岡井隆「これからの定型」『韻律とモチーフ』(昭52、大和書房)所収。

(6) 佐佐木幸綱『作歌の現場』(昭57、角川書店)第六章「形式とは何か」一五八頁。

(7) 岡井隆・金子兜太『短詩型文学論』(昭38、紀伊國屋書店)「総括のために」。岡井隆コレクション2『短詩型文学論集成』(平7、思潮社)一一六頁。

(8) 岡井隆「定型という生きもの」「短歌研究」(昭32・2、短歌研究社)。岡井隆コレクション1『初期短歌論集成』(平7、思潮社)三三五頁。

(9) 近藤芳美「新しき短歌の規定」「短歌研究」(昭22・6)。近藤芳美『新しき短歌の規定』(昭27、十字屋書店)所収。ここでの表記は『現代短歌大系』第12巻(昭48、三一書房)四六頁の記述によった。

(10) 岡井隆『現代短歌入門』第二章「危機歌学の試み」。岡井隆コレクション2『短詩型文学論集成』一八四頁。

(11) 岡井隆『現代短歌入門』第十四章「短歌における文学運動」。岡井隆コレクション2『短詩型文学論集成』三八二頁〜三八三頁。

(12) 岡井隆「新歌人集団をめぐって」『韻律とモチーフ』所収。

(13) 近藤芳美「短歌の用語に就て」『現代短歌』(昭28、白玉書房)。ここでの表記は『近藤芳美集第六巻』(平12、岩波書店)二三三頁〜二三四頁の記述によった。

定型という外部
――『緑色研究』における定型の問題

昭和三十五年夏の安保闘争の終結は、高揚の絶頂にあった前衛短歌運動の大きな屈曲点となったエポックメイキングな事件であった。昭和三十年代初頭、反戦・反権力闘争という熱い社会情勢の中で台頭してきた運動としての前衛短歌は、その事件以後、十有余年にわたる長い長い「殿戦」を強いられることになる。みずからを社会情勢・政治情勢の中に位置づけ機会詩としての批判的機能を発揮してきた前衛短歌は、政治的な時代の終焉とともにみずからがよって立つ基盤を失い、新たな自己規定・存在理由を模索せざるを得なくなる。昭和三十五年から昭和四十六・七年までの十数年にいたる後期前衛短歌運動の歩みは、新たな存在理由を見いだそうとする短歌の自己確認の過程であった、ということができよう。

なぜ定型でなくてはならないのか。なぜ五七五七七でなくてはならないのか。塚本邦雄と岡井隆という前衛短歌の旗手たちの営為は、極言すれば、定型とはなにか、というただひとつの問いに衝きうごかされていた、といってよい。『水葬物語』（昭26）の登場以来、一貫して続けられてきた、定型とはなにか、という問いかけは、この時期さらなる形で尖鋭化されていったのである。前衛短歌にとって定型とはいったい何だったのか。塚本や岡井はどのようにして定型を意識化し、それをみずからの問題地平の内に位置づけていったのだろうか。

昭和四十年、塚本邦雄は第五歌集『緑色研究』(昭40)を発表する。この歌集は前衛短歌の方法がもっとも明確に用いられている歌集であるということができる。この歌集の中で定型はどのように機能しているのか。その考察を通して、前衛短歌における定型の意義をあきらかにしたいと思う。

1

塚本は『緑色研究』におさめられた「月蝕對位法」という連作の詞書きのなかで、現代短歌の韻律に対する次のような興味ぶかい発言を行っている。

現代短歌は、近代短歌の単旋律的性格に対立旋律を与へ、短歌ポリフォニーにおけるコントラプンクトを確立したと言へよう。短歌の原初的にもつ、偽汎神論の世界に生れたグレゴリオ聖歌風の純粋性を、これが汚すかあるいは栄えしめるかは、新らしき短歌の明日へ残された諸問題の一つでもあらう。地球自身の悪意によつて起る月蝕現象、その蝕の季節に、血紅の殺意と漆黒の侮蔑を対置し、形而上の惨劇を歌ふ、これは二重対位法の一連である。

（塚本邦雄『緑色研究』「月蝕對位法」詞書き・原文正漢字）(1)

塚本特有のペダンティックな語彙の裏に、彼の韻律観が顔をのぞかせている一文である。塚本はここで「現代短歌」の韻律を「ポリフォニーにおけるコントラプンクト」（多声曲における対位法）という言葉で表現し、そこに「単旋律的性格」をもった近代短歌的な韻律との決定的な差異を見いだしている。ここでいう「現代短歌」とは、単に現代に存在している短歌という意味ではもちろんなく、現代という時代の表現水準のなかで抜きんでている短歌、すなわち塚本自身の短歌を指す自負に満ちた言葉であるに違いない。塚本の短歌がもつ「ポリフォニー」（多声性）、つまり調べの重層性とは具体的には何のことなのであろうか。

たしかに、われわれがこの歌集を読み進めていく時、われわれは一首一首の歌の中に何らかの重層した音楽性を感じることができる。またわれわれは、塚本の一首の中に、斎藤茂吉の短歌がもっているような徹った声調とは微妙に異なった複雑な音楽性を感じることができる。しかし、その重なりあった音楽性は、語の正確な使用における「ポリフォニー」（音と音が重なりあうこと）や「対位法」（ふたつの旋律が重なりあう旋法）ではない。言語というものが、ひとつひとつの音韻の時間的な継起によって成立するものである限り、われわれは一つの時間のうちにふたつの音韻を認識しながら聴きとることはできない。塚本のいう「ポリフォニー」とは、韻や音色の重層性ではない。

①、血漿色の梅干を家ごとに祕め革命に見放されをり　われら
②、芍薬置きしかば眞夜《まよ》の土純白にけがれたり　たとふれば新婚
③、青年の髪かず知れぬかすかなる帆柱ふるへつつ夏きたる
④、男色より酢よりさびしきもの視つめ醫師のひとみのうちの萬緑

われわれがこれらの歌に感じるのは、ふたつ以上の韻や音色が重なりあう「ポリフォニー」ではなく、むしろ、何らかのリズム的なものが複雑にからみ合いながら、うごめいている印象なのではなかろうか。リズム、すなわち短歌における律的なものの重なり合い。塚本短歌がもつ重層的な音楽性とは「ポリフォニー」ではなく、律の重層性なのではないか。塚本が近代短歌にもたらしたものは、「ポリフォニー」ではなく、むしろ「ポリリズム」（リズムの重なり合い）と呼ぶべきものだったのである。

では、具体的には、一首のうちにどのようなリズムが重なり合い干渉しあっているのだろうか。そう考えて①から④までの歌を読むとき、われわれは①②の二首と、③④の二首との律の

印象がはっきり異なっていることに気づく。①②の歌のどこか屈曲した重々しい律の重なり合い。③④の歌の軽やかでありながら、どこか流麗に読み下せないリズム。直感的にいえば、両者の間にはそのような差異があろうか。その差異を具体的に検証してみよう。

①、血漿色の梅干を家ごとに祕め革命に見放されをり　われら

この歌を読むとき、われわれは自分の胸のなかに何がぎくしゃくした感覚が生じるのを覚えるだろう。どこか短歌らしくない、という違和をこの歌に感じるにちがいない。

このことは、逆の面からいうと、われわれはこの二十五文字の文字の連なりを一応短歌として認めている、ということである。塚本邦雄という歌人が著した『綠色研究』という歌集のなかにこの文字の連なりが置かれている。それによってわれわれはこの文字の連なりを、五七五七七という定型の律性をもった短歌だと認識しようと試みる。この①の歌が短歌である根拠は、この一首そのもののうちにはない。この一首が歌集という場に置かれている、というメタ・レベルの情報が、この文字の連なりは短歌なのだ、とわれわれに認めさせ、この文字の連なりを定型の律性によって読ましめようとするのである。五七五七七という定型の律性は、この一首の外部に存在する。

この一連の文字は短歌である。われわれはそう思いながら、この一首を五七五七七という律性のもとに読もうとする。すると、われわれは、たちどころに読みに詰まってしまう。この一連の文字自体がわれわれに強いる読み方と、五七五七七の律性が食い違ってしまうのである。この一連の文字はおそらく、次のように読まれることをわれわれに要請している。

①(a)、血漿色の／梅干を／家ごとに／祕め／革命に／見放されをり／われら

このような分節のしかたは、われわれがこの一連の文字から受け取る意味性にかかわっている。われわれは、この一連の文字を意味の通ずる最小の単位に区切りながら、すなわち「文節」に区切りながら、この一連の文字を分節しがちなのである。

①の歌をわれわれは「文節」に従いながら、①(a)のように読みがちなのであるが、そのときこの一連の文字は、おのずからなる短歌的なリズムを持っているかのように思われる。それは、実は①(a)が次のような音数を持っているからである。

けっしょういろの　（七音）
うめぼしを　（五音）

いえごとに　（五音）　ひめ　（二音）
かくめいに　（五音）
みはなされおり　（七音）
われら　（三音）

このように書き分けてみると、五音と七音が頻出しているのがわかる。三行めの「いえごとに」と「ひめ」を仮に連続させて読むと①(a)の歌は次のような、七五調の律性を帯びていることになる。

①(a)、血漿色の[7]／梅干を[5]／家ごとに／祕め[7]／革命に[5]／見放されをり[7]／われら[3]

七五七五七（三）という七音五音を中心とした、定型の律性に近いリズムを①(a)は持っていることになる。

「文節」が、七音五音の音数を持ち、その「文節」の連なりがおのずから定型の律性に近いリズムを帯びてしまう。この現象を小池光は「句の溶接技術[2]」のなかで「副句」という概念を導入しつつ明解に説明している。小池がそこで指摘したのは「文節」という意味上の分節が、おのずから内発的にかもしだす律性、すなわち内発的な「意味の律性」とでも呼ぶべきものであった。①の歌が持つ複雑なリズムは、内発的な「意味の律性」が、外部から「定型の律性」によって強引に読み下されることによって生起するひずみのようなものだと考えることができよう。

一首のうちから内発的に立ちのぼってくる「意味の律性」にあらがいながら、われわれは①の歌に五七五七七のリズムの枠組みを外からはめて読み下そうとする。

①、血漿色の梅干を家ごとに秘め革命に見放されをり　われら

われわれは「けっしょうい（5）・ろのうめぼしを（7）・いえごとに（5）」と上の句を読みはじめる。そして下の句も「ひめかくめいに（7）」と読んでいくが、結句の「みはなされをりわれら（10）」の大幅な字あまりにとまどってしまう。そこでもう一度、五七五七七に最も近い定型律の枠組みを外からはめて読み下すと、この歌は次のように律読されることになる。

①(b)、血漿色の 7／梅干を家 7／ごとに秘め 5／革命に見放 8／されをりわれら 7

この歌における定型は、五七五七七の律性のバリエーションとしての七七五八七だということができる（なぜ五七五七七の定型が字あまりを許容するのかは後に改めてふれる）。つまりこの歌では、一首のうちから立ちあがってくる「意味の律性」（①ⓐ）と、外部から与えられた「定型の律性」（①ⓑ）とが干渉しあい重なりあっている、といえよう。したがって、ふたつの律性の重なりあいを図示すると、このようなものになる。

①、血漿色の　梅干を　家　ごとに祕め　革命に　見放　されをり　われら

（右）7　5　7　5　7　3
（左）7　7　5　8　7

右の数字が一首の内から立ちのぼる「意味の律性」（①ⓐ）。左の数字が外部からはめこまれた「定型の律性」（①ⓑ）である。

以上のような「意味の律性」と「定型の律性」の重なり合いは、①の歌同様、②の歌においても指摘することができる。

②、芍藥　置きし　かば　眞夜の土　純白に　けがれたり　たと　ふれば　新婚

（右）4　5　5　5　5　5　4
（左）7　7　5　7　7

この歌でも五音を中心とした「意味の律性」（右）と、初句が七音化した「定型の律性」

（左）が干渉しあい、複雑で重々しいポリリズムを形成しているさまが見てとれる。

このように塚本は、定型というものの外部性に注目する。定型とは一首のうちから内発的に立ちのぼってくるものでは決してない。われわれの鋭敏な定型意識が、一首の「意味の律性」を無視して、外部から暴力的にはめこむ枠組み。それこそが塚本が考えた現代的な定型のありかたであった。一首の「外部」としての定型。それを絶対視することによって彼は、一首の内に「意味の律性」と「定型の律性」がからみあう重層化したリズムを生み出すことに成功したのである。

2

次に③や④の歌について考えてみたい。

③、青年の髪かず知れぬかすかなる帆柱ふるへつつ夏きたる
④、男色より酢よりさびしきもの視つめ醫師のひとみのうちの萬緑

われわれはこれらの歌に「定型の律性」以外の何らかの心地よいリズムを感じることができる。それは、いうまでもなく、同じ音（音素）のくりかえしによって生じるものである。③と

④の歌をひらがなで書き表してみる。

③(a)、せいねんのかみかずしれぬかすかなるほばしらふるえつつなつきたる
④(a)、だんしょくよりすよりさびしきものみつめいしのひとみのうちのばんりょく

◁で示したところに、或るストレスが感じられる。③の歌の二句目と三句目「かみかずしれぬかすかなる」におけるカ行音（k）のリズミカルな反復、さらには④の歌の全句に登場するサ行音（s）やツ音（ts）の反復によって、それぞれの歌はある律性をおびているだろう。

岡井隆はその『短詩型文学論』[3]のなかで「母音律」という概念を提示している。それは従来別々に捉えられがちであった音韻と律性を同一地平上で捉えようとした画期的な試みであったが、その「母音律」の概念では、律性に大きな影響を与えている子音の律性はとらえることができない。「ささのははみやまもさやにさやげども」といった古歌におけるサ行音の律性や「ななきそなきそあかあかと」いったカ行音の律性の心地よさは論をまたない。ローマン・ヤコブソンは、破裂音（k）を「もっとも充実した子音」、すなわちエネルギーがもっとも集約された子音と考えているが[4]、それに準じて破壊音（ts）や摩擦音（s）もエネルギーの集約の密なる子音であると考えることができる。強いストレスをもった子音（k・ts・s）の半定期

的な反復によって、これらの歌には岡井のいう「母音律」とともに「子音の律性」とでもいうべきものが存在しているといえよう。

③や④の歌に内在する「子音の律性」。これらの歌から直感的に感じることのできるリズムの心地よさは、その「子音の律性」の作用によるものだと考えられるが、この内在的な律性に外部から「定型の律性」が導入されることにより、その心地よさの感覚は多少なりとも阻害されることになる。

坂野信彦は、その諸論文のなかで、定型の律性を八音の五回反復形式としてとらえている。(5) 彼は、五七五七七という五句三十一音の短歌定型の根底に、より広い四十音の定型空間を措定している（塚本短歌に頻出する初句七音・七七五七七という詩型が、字あまりにもかかわらず、なぜ短歌的な律性を持ちうるのかという問題も、坂野の理論を導入することにより理解しうるものとなる）。彼の理論を③④の歌に導入すると、③④の歌は次のように律読されることになる。

③(b)、＝せいねんの・・・―かみかずしれぬ・―かすかなる・・・＝ほばしらふるえ・―つ
つなつきたる・＝

④(b)、＝だんしょくより・・―・すよりさびしき―ものみつめ・・・―・いしのひとみの

ー・うちのばんりょく‖　（・は休符）

外部から導入されたこの「定型の律性」に、内在的な「子音の律性」を加えると、③④の歌は、次のようにストレスを付されて律読されることになる。

③(c)、‖せいねんの・・・ーかみかずしれぬ・ーかすかなる・・・ーほばしらふるえ・ーつつなつきたる・‖

④(c)、‖だんしょくより・・ー・すよりさびしきーものみつめ・・・ー・いしのひとみのー・うちのばんりょく‖　（・は休符）

）でむすばれた二音を結びつけて一拍と考えると、③の歌では第四句まで拍の前の音（かみ、かず、かす、かな、しら）に置かれ、「定型の律性」を強める働きをしていたストレス（◁）が、結句「つつ夏きたる」において微妙に乱されていることがわかる。また④の歌では、拍の前に置かれたストレス（しょく、さび、等）と、拍の後に置かれたストレス（・す、みつ）が交錯しながら現われ「定型の律性」が複雑に乱されていること、また、第四句「醫師のひとみの」と結句「うちの萬緑」が、全く同じ律の形（句の最初の休符・ストレスの位置）を持ち、安定性を保っていることが見てとれる。ここでは、一首が内在的にもっている「子音の律性」が外部から導入された「定型の律性」に影響を与え、微妙なかたちで両者が干渉しあっている、といえよう。

①と②の歌において明らかになった「意味の律性」と「定型の律性」の干渉。③と④の歌について明らかになった「子音の律性」と「定型の律性」の干渉。しかしながら、これら二種類の干渉のありかたは、もとより別々に存在するものではない。「意味の律性」「子音の律性」「定型の律性」は一首のなかで複雑にからみ合いながら、重層的なポリリズムを生み出している。あるいは、こういうこともできよう。塚本は一首に内在する「意味の律性」と「子音の律性」のなかへ、外部から暴力的に定型の枠組みをはめ込み、一首の内に重層的な律の陰影を作り出しているのだと。

3

しかしながらより本質的な問題は、塚本のこの「律の重層化」という方法が、どのような表現上の変革を短歌にもたらしたか、ということである。『緑色研究』の代表作である次の歌々に即して考察してみる。

⑤、ゾルゲ忌の海岸日傘みどり濃きくらがりにかわききりしわかもの
⑥、ソース壜の黴のうきくさ日本のいづかたもみどり兒があふれつつ
⑦、醫師は安樂死を語れども逆光の自轉車屋の宙吊りの自轉車
⑧、ミキサーの底の苺の緋の泥のあざやかに無血革命とほき

これらの歌を律読するとき、われわれは自分の内にある映像的なイメージが小刻みに乱され、重層的になってゆくのを感じる。

たとえば⑤の歌を意味的に分節すると「ゾルゲ忌の海岸／日傘／みどり濃きくらがりにかわききりしわかもの」というように分節されるだろう。スパイとして処刑されたゾルゲの忌日、日本の海岸には海水浴客があふれパラソルを拡げてくつろぐ。グリーンのパラソルの陰には若者が寝そべっている。意味的に分節するとき、われわれの内にひろがるのはそんなイメージである。ところが、この歌を「定型の律性」にしたがって分節すると次のようになるだろう。

⑤(a)、

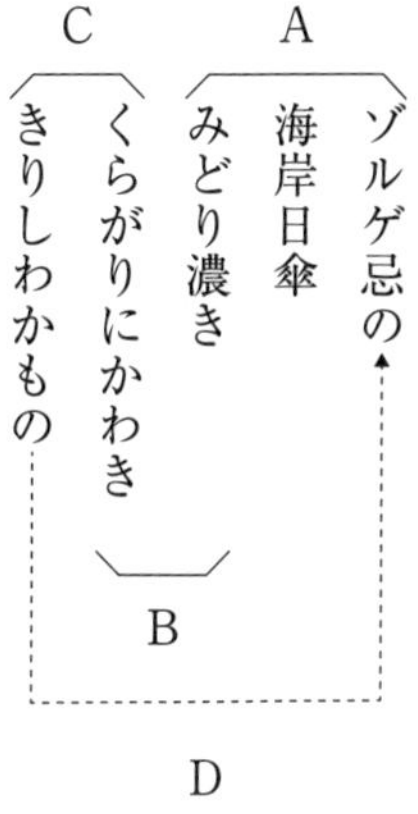
A
ゾルゲ忌の
海岸日傘
みどり濃き
C
くらがりにかわき
きりしわかもの
B
D

われわれは「ゾルゲ忌の海岸日傘」というように第二句まで読み進める。そうすると、本来別々の語であった「海岸」と「日傘」が、同じ第二句のなかに置かれることによって接続され、「海岸日傘」という一つの擬似合成語が生まれることになる。それによって、夏の海岸のなかに立つ日傘（パラソル）というあざやかな映像イメージがわれわれの脳裏に焼きつけられる。さらにそのイメージに、第三句の「みどり濃き」が付加されることにより、その日傘のあざやかなグリーンの色彩がわれわれの目に浮かんでくるだろう。（イメージA）

しかしながら、そのあざやかで明るい色彩感は、第四句まで読み進められるとき、はっきりと逆転されてしまう。イメージAでは、「日傘」の形容であるかのように感じられた第三句「みどり濃き」が、実は、第四句の「くらがり」を修飾する連体修飾語であったことがはっきりする。「みどり濃き→くらがり」。先ほどの明るい色彩感は一気に、闇の暗がりのイメージに転換させられてしまう。そのなかで、われわれは「かわき」（涸渇感）をみずからのものとして感受する。色彩的な映像イメージは、くらがりをはらんだ読者個々の体性感覚を刺激するイメージへと内面化される。（イメージB）

あざやかな色彩感（イメージA）→闇の中の涸渇感（イメージB）。外面的映像から内面的な体性感覚へと転換させられた一首のイメージは、結句「きりしわかもの」まで読み進められるとき、もう一度外面的な映像的イメージに転換させられてしまう。「くらがりにかわき→きりしわかもの」。政治的な季節の終焉のなかで、サングラスをかけ、トランジスタラジオでアメリカのヒットナンバーを聞きながら、海岸に寝そべる若者。そういった映像的なイメージ（イメージC）が立ち現れてくるのだが、われわれは同時に、第四句で喚起された内面的な涸渇感によって、その若者の内面にひそむ精神的なくらがりや倦怠をみずからのものとして追体験するのである。一見、安逸に青春を謳歌しているかのような若者の内面にある「くらがり」と「かわき」。それは、政治的な状況のなかで、傷つき命を失った「ゾルゲ」とどこかで繋がってゆく。（イメージD）

このように、この一首における「定型の律性」は、意味上は別の語である「海岸」と「日傘」を合成し、「海岸日傘」という擬似名詞を作りあげ、本来なら「くらがり」に繋がってゆくべき「みどり濃き」を、あたかも「日傘」の形容であるかのように錯覚させ、「かわきき

(る)」という一語を「かわき/き(る)」と分断して読者の内面に涸渇感を惹起させている。それによってこの一首の中には様々な重層的イメージが明滅することになる。塚本は「定型の律性」を強引に一首の内に導入することにより、語と語の連辞関係を多義化し、一首のイメージを重層化しているのである。

もちろん、先に述べた「子音の律性」もこの一首のイメージにある屈折を与えているにちがいない。そのなかでも特に、カ行音(k・無声破裂音)とガ行音(g・有声破裂音)の頻出が注目される。

⑤(b)、‖ぞるげきの・・・—かいがんひがさ・—みどりこき・・・—くらがりにかわき—・
きりしわかもの‖

これらの子音がイメージに与える影響を解析するのは困難だが、これらの鋭い子音の頻出とそれがかもし出す律性が、安保闘争終焉後の涸渇感を描いたこの一首に、ある鋭覚的なイメージ・乾いたイメージを付与しているということはいえるであろう。

以上検証したように、「定型の律性」を外部から導入することによって、この一首のなかでは「意味の律性」「子音の律性」「定型の律性」が重なりあい複雑にからみあっている。そして、その重層的な律性が、この一首内のイメージを以上のような形で重層化させている。この一首では「律の重層化」がそのまま「イメージの重層化」に繋がっている、といってもよいだろう。

同様のことは、⑥⑦⑧の歌についてもいえる。

⑥(a)、ソース壜の／黴のうきくさ／日本の／いづかたもみどり／兒があふれつつ

⑦(a)、醫師は安樂／死を語れども／逆光の／自轉車屋の宙／吊りの自轉車

⑧(a)、ミキサーの／底の苺の／緋の泥の／あざやかに無血／革命とほき

⑥の歌の「みどり／兒」という分節による万緑のイメージ（明）から、黴のように日本中に増殖する生命のイメージ（暗）への転換。⑦の歌の「醫師は安樂」という分節によるイロニーや「宙／吊り」という分節による空漠感。また⑧の歌における、苺ジュースと「血」のアレゴリー、そして、日常場面から「革命」への飛躍。これらの歌はすべて、日常的な場面のありふれた情景を定型というメスで切り取ることにより、そこにさまざまな象徴的なイメージを惹起し、安保闘争の終焉後の一見安逸に見える日本の背後にある倦怠と闇をえぐり出した作品群である、といえよう。

定型という外部を絶対視し、それによって現実を裁断してゆく塚本短歌は、方法論的には

「律の重層化」による「イメージの重層化」を短歌表現の上にもたらした。それによって現代短歌は、現実の根底にある暗部を象徴的に描き出す可能性を手にしたといってよいだろう。それは大岡信の言葉を借りれば「短歌におけるサンボリズムの消化」(「新しき短歌の問題1」[6])であった。

しかしながら、苺ジュースのなかに「無血革命」を見、海岸で寝そべる若者の背後に「ゾルゲ」を見る、という象徴性が衝撃力を持ち得たのは、実は、政治の季節が終わり高度経済成長時代が始まろうとする六十年代前半という状況のなかに彼の短歌が置かれていたからであった。「イメージの重層化」による現実の暗部の照射や現実社会に対する批判は、そのような状況性のなかにあってはじめて力を持ち得たのである。高度経済成長時代が進展するとともに、人々が個人生活の充実に目を向けはじめる、そんな時代のなかで、塚本短歌を支えていた戦後的な説話論的磁場が徐々にその効力を失ってゆく。それとともに彼の短歌は、その批判性と犯罪性の衝撃力を失い内向化の傾向を強めてゆく。短歌詩型の使命を「幻を見る」ところに限定した彼の発言は[7]、このような彼の視座の転換を意味していた。それは三十一音の「定型の律性」を絶対視し、その定型を徹底して「外部」として受け取った彼の定型観の必然的な帰結であったのかもしれない。

注

（1）『現代短歌大系』第7巻（昭47、三一書房）二六頁。なおこの論考の掲出歌はこの書をテキストとした。

（2）小池光「句の溶接技術」『現代短歌文庫・小池光歌集』（平2、砂子屋書房）一〇二頁〜一〇三頁。初出は「短歌人」（昭56・7）。

（3）岡井隆・金子兜太『短詩型文学論』（昭38、紀伊國屋書店）。岡井隆コレクション2『短詩型文学論集成』（平7、思潮社）五四頁〜七五頁。

（4）田島節夫「現象学と構造主義」『講座現象学3・現象学と現代思想』（昭55、弘文堂）二二〇頁〜二三〇頁。

（5）たとえば坂野信彦「韻律の原理」「短歌」（昭63・7、角川書店）九六頁〜一〇一頁。

（6）大岡信「新しき短歌の問題1」『短歌・俳句の発見』（昭58、読売新聞社）三二頁〜四二頁。初出は「短歌研究」（昭31・3、短歌研究社）。

（7）たとえば塚本邦雄『定型幻視論』（昭47、人文書院）所収の諸論文。あるいは塚本邦雄『感幻楽』（昭44、白玉書房）の「跋」など。

澄明と、混沌と

・滝沢亘十首選(1)

煤のせて風ふくときも瞑《つむ》りゐるわがまなぶたに秋はあかるし
夜の川の逆流しつつ灯のなかにとりのこされてゆく芥あり
床下に乾きし土の凹凸が雨の夕べの灯に脆く見ゆ
かくのごと湿りし夜半に受胎されしわれかと思ふ父母を愛せず
妻擁きて冬夜を眠る夫らよ報はるること多き汝らよ
　『白鳥の歌』(昭37)

時間差をもち萌えてゆく樹の世界しづかにわれは追ひ抜かれゐつ
かがやきて雨滴のくだる老いし幹時の流れの緩く夜は来て
白雲の一つ一つに名をつけて見てをれば太郎の消長あはれ
夜の椅子にしづまり難くゐるときにこころに遠くほてる足裏
永遠のなかのことにて人も犬もうつむきあゆむ霧の柵外
　『断腸歌集』(昭41)

肺結核で療養した戦後歌人というと、たとえば僕などは、滝沢亘と同じ大正十四年生まれの歌人・相良宏を思い出す。彼の歌のなかにある実生活の挾雑物を洗い流した純粋な感性や自分の生命のゆらぎを見つめる繊細な視線は、戦後の療養歌人の歌のもっとも美しい典型であるような気がする。

戦後の療養者の歌がもつ「清潔さ」「純粋さ」のイメージ。それは相良と同様、青春期を療養生活のなかですごした滝沢の歌の根底にも確かに息づいている。第一歌集『白鳥の歌』（昭37）に収録された引用一首目の歌はその代表的なものだ。

煤のせて風ふくときも瞑《つむ》りゐるわがまなぶたに秋はあかるし　　『白鳥の歌』

秋の明るい日差しのなかでまぶたを閉じる青年。まぶたの奥の薄暗がりのなかで、彼の研ぎ澄まされた嗅覚と触覚は、秋風のなかにかすかに混じる煙煤の臭いを嗅ぎとり、まぶたの上でかすかに動く秋の日差しのあたたかさを感じとる。視覚が閉ざされることによって、逆に研ぎ澄まされてゆく嗅覚と触覚のありかたが、この歌にははっきり刻印されているといってよい。

このようなシャープな物象の切り取り方は、同時期に作られた引用二首目の歌や三首目の歌にも見てとることができる。

夜の川の逆流しつつ灯のなかにとりのこされてゆく芥あり
床下に乾きし土の凹凸が雨の夕べの灯に脆く見ゆ
『白鳥の歌』

どちらもさりげない嘱目の歌ではあるが、夜の河面にたったひとつ取り残されてゆくごみを見つめ、床下の凹凸の陰影を発見する彼の視線の中に、彼の繊細な感受性とその背後にある暗鬱で不安な魂を感じずにはいられないだろう。鋭い感受性と不安な精神、そして、それに裏づけられた確かな物象の描写。滝沢の歌のこのような繊細な特長はこれら初期の歌にすでに明白に現れている。それはまた、戦後の療養者の短歌が残したもっとも良質な遺産でもあった。

しかしながら、滝沢の歌には僕たちが療養者短歌に対して抱く一般的なイメージとは一見相反するような、混沌とした醜い情念が渦巻いてもいる。それは、彼の三十代初期に作られた四首目・五首目の歌にも顕著に現れている。

かくのごと湿りし夜半に受胎されしわれかと思ふ父母を愛せず
妻擁きて冬夜を眠る夫らよ報はるること多き汝らよ
『白鳥の歌』

これらの歌にあるのは、彼の肉親への憎悪であり、同世代の妻帯者に対する嫉妬であろう。もちろんその背後には、滝沢の複雑な家族関係、すなわち、当時ほとんど離縁状態にあった実父母との確執や、結婚の約束を果たせないフィアンセやその家との微妙な関係があった。が、そのような実生活を考慮にいれても、なお、これらの歌は、歌自体として救いようなく、暗く醜い。

これらの歌の根底には、あきらかに、三十代の男性の抑圧された性欲がうごめいている。彼は、父母の交媾の場面を「かくのごと湿りし夜半」という研ぎ澄まされた皮膚感覚のなかで想像し、冬の寒々とした病室のなかで女性の肌のあたたかさを想像する。ここで彼は、彼特有の繊細な感覚によって、性的な幻影を脳裏に浮かべているといってよい。その幻影は、彼のこころのなかで他者への憎悪や嫉妬とむすびつき、肥大化し、さらに彼を苛んでゆく。これらの歌には自分のなかの性的な欲望を理性によってコントロールできず持て余している滝沢の姿が如実に現れている。

滝沢の歌にしばしば現れる性的なものの蠢き。それは、相良宏の「白壁を隔てて病めるをとめらの或る時は脈をとりあふ声す」といった歌のなかにあるようなあえかな表情をもつものではなく、もっと濃密でビビッドな表情をもつものだ。それはあるいは、死を常に意識せざるをえなかった滝沢の内面にひそむ生の蠢きそのものだったのかもしれない。性欲に裏づけられた憎悪や嫉妬という感情を通して、滝沢はわずかに他者という現実の生に触れあっていたのだろう。

彼は『白鳥の歌』の後記に次のように書いている。

絶望によつて照らし出される自然と人生の緻密な陰翳、かけがえのない実存の重量——私の短歌作品は、このような場における人間的な矛盾と葛藤を含む綜合としての「煩悩具足の凡夫」の、そのときどきの思索と哀歓を多く主題としている。

（滝沢亘『白鳥の歌』後記）

ここには「短歌は私小説である」という彼の明確な主題意識がはっきり現れている。鋭敏な感受性による澄明さと、その背後に蠢く生の混沌。滝沢の歌の相反する表情は、このような彼の明確な主題意識によって、彼の実生活のなかから周到に選び出されたものだった。先の歌にある、いたましいほど赤裸々な性欲の描写も、そのような選択によるものだったにちがいない。

彼の第二歌集『断腸歌集』は、そのような主題意識がより一層明白に感じられる歌集である。

白雲の一つ一つに名をつけて見てをれば太郎の消長あはれ　『断腸歌集』

夜の椅子にしづまり難くゐるときにこころに遠くほてる足裏
永遠のなかのことにて人も犬もうつむきあゆむ霧の柵外

全体に重い主題意識を感じさせる歌が多いなかで、これらの歌は例外的に淡白な味わいをもっている。みずからを「不治の者」と規定する主題意識から、かろうじてこぼれ落ちたようなこれらの歌は、皮肉にも、滝沢生来の良質な感受性を余すところなく伝えてくれている。自分の人生をそのまま「私小説」として描こうとした滝沢の意識からすれば、これらの歌は皮肉な収穫だったに違いない。

僕たちが滝沢亘の歌を読むときに感じるいたましさは、生活者としての彼の不運な人生に対して感じるいたましさではない。むしろそれは、「私小説」として自らの生を演じ、そこに存在意義を見出さざるをえなかった表現者の人生に対して感じるいたましさなのだ。

注

（1）この論考の掲出歌は『現代歌人文庫・滝沢亘歌集』（昭62、国文社）によった。初版は『白鳥の歌』（昭38、短歌研究社）『断腸歌集』（昭41、白玉書房）。

「瘤のごときもの」について

――『小紺珠』における文体の問題

「君は暗い」「君は何故孤独なのだ」「君の歌は瘤の樹をさするやうだ」故先生は曽てこのやうに仰せられた。然し先生は又、「瘤の有る方が無いよりもいいよ」斯うも言つて慰められた。私は常に右の御言葉を仰いで来たのである。私は常に不安を曳きつけて作歌して来た。作品は低いのであらうが、若し強ひて言へば瘤のごときものの附帯するのが或ひは私の歌の特徴ででもあらうか。

（宮柊二『群鶏』後記[1]）

この一節は、宮柊二の第一歌集『群鶏』（昭21）の後記に記されたあまりにも有名なマニフェストである。特に、このなかの「瘤のごときもの」という言葉は、柊二の歌を語る際にいつも引用されるキータームとなった。

この一節で大切なのは、「瘤のごときもの」を指摘した師・北原白秋が柊二の歌をどう見たかということではない。ここで私たちが注目すべきなのは、むしろ、昭和二十一年当時の柊二自身が自分の歌を「瘤のごときもの」として規定しようとしていることだ。彼は「瘤のごときもの」のなかに、歌人としての自分の存在意義を見出そうとしているかのようだ。

昭和二十一年という戦後期に、柊二がそこに自らの存在を賭けようとした「瘤のごときもの」。それはいったい何だったのだろうか。もうすこし具体的に考えてみたい。

たしかに、戦後期の柊二の歌を読んでいると、ふっと木の瘤にさわるような違和を覚える瞬間がある。たとえば『小紺珠』（昭23）[2]のなかの次の一首も「瘤のごときもの」を感じさせる歌である。

おもかげのまぼろしに立つ肉体の感覚も無く見し大黄河

ひとつひとつの言葉はわかりやすい。調べもなめらかだ。違和を感じるのは、単語の意味や調べではなく、一句一句のつながり方である。

おもかげの／まぼろしに立つ／肉体の／感覚も無く／見し大黄河

このように区切られた五つの句のそれぞれが、どこにどうつながっているのか。それが、この一首ではよくわからない。

この歌を読みすすめてゆく過程に注目してみる。私たちは歌の定型にしたがって「おもかげの↓まぼろしに立つ↓肉体の」というように、第三句までを一句一句つなげながら読んでゆく。「まぼろしに立つ肉体」。作者はいま、誰かの肉体のまぼろしを思いうかべている。その肉体は、いったい誰のものなのか。なぜ作者はそれを思いうかべたのか……。第三句までを読み終えた私たちは、そんな興味を感じながらこの歌の下の句に視線を移してゆくだろう。

しかし、第四句を読む瞬間、私たちはふっとわからなくなってしまう。「肉体の↓感覚も無く」。第三句までを読み終えたとき、私たちは「肉体の」の「の」を「が」の意味で受け取っていた。そして、その上で「肉体」という主語を受ける表現が次に出てくるだろうと予想していた。ところが「肉体の」の「の」は、じつは主格を表す格助詞ではなく、「感覚」という名詞につながる連体修飾格をあらわす格助詞であったのだ。「肉体の↓感覚も無く↓見し大黄河」。私たちはここまで読んではじめて、第三句から結句までが意味的にまとまっているということを悟る。この歌は「おもかげのまぼろしに立つ肉体の／感覚も無く見し大黄河」というように第三句で切って解釈する歌ではなく、「おもかげのまぼろしに立つ／肉体の感覚も無く見し大黄河」というように第二句で切って解釈すべきなのだ、ということがわかってくる。

そうすると、初句・第二句「おもかげのまぼろしに立つ」は一体どこにつながるのか。私たちは改めてその疑問に突き当たる。先に見たように、それは第三句の「肉体」ではない。するとどこか。

短歌ではよく「私」という主語が省略されるから「まぼろし」のなかに立つのは「私」かもしれない、と疑ってみる。が、自分が見ている「まぼろし」の中に自分が立つというのは表現として不適当だ。初句「おもかげの」の「の」を主格を表す格助詞ととって「ある人の面影がまぼろしの中に立ち現れる」という意味として解釈することもできる。が、そうすると、この第二句までの表現が、「大黄河」のことを述べた第四句以降の表現とどう関係するのか全くわからない。

このようにして考えてゆくと、この初句・第二句の「おもかげのまぼろしに立つ」は、はるかに遠い結句の「大黄河」につながってゆくのだと考えざるを得ない。「おもかげのまぼろしに立つ→大黄河」。これならわかる。この場合「立つ」は「stand」という意味ではなく、和歌でよく用いられる「顕つ」、すなわち「脳裏に立ち現れる」という意味で用いられているのだろう。兵士であった柊二は、戦時中肉体の感覚も失ってしまうほど疲れ果てて、山西省の黄河の流れを見た。その黄河の濁流が、昭和二十三年の柊二の脳裏に「まぼろし」としてまざまざと立ち現れてきた……。おそらくこの歌はそう解釈するしかない歌だ。「肉体の感覚も無く見し」は、かつて見た過去の黄河を回想した表現であり、「おもかげのまぼろしに立つ」は、現在の作者が脳裏に浮かべた黄河の幻影について述べた表現だ、ということになるだろう。

つまるところ、この歌では「おもかげのまぼろしに立つ」という語句も、「肉体の感覚も無く見し」という語句も、「大黄河」につながっていくと考えるしかない。図示すると、このようになろう。

おもかげのまぼろしに立つ（現在）
肉体の感覚も無く見し（過去）
→大黄河

つまりこの歌は、「大黄河」につながるふたつの修飾節をもっていることになる。この歌は、複文的な構造によって出来ている歌なのだ。

一首の短歌を読むとき、私たちはその歌の一句一句を、まるで一本の糸をたぐるように線状的に読み進めてゆく。したがってこの歌のような複文的構造をもった歌は、読者には非常に理解しづらい。そのことは作者の側もよく知っているはずだ。だからこの歌のように、過去と現在という異なった時間に属する事象を表現しようとするときには、読者の便を考えて、過去の事象から現在の事象へと時間軸にしたがって記述を進めてゆくのが短歌表現の定石だろう。たとえば「肉体の感覚も無く見し黄河↓夜半おもかげのまぼろしに顕つ」とでもして、過去から現在にむけて記述を進めてゆけば、この歌は少なくとも意味的には、ずっと理解しやすいものになるはずだ。

「昼間みし合歓《かうか》のあかき花のいろをあこがれの如くよる憶ひをり」（『群鶏』）という時間軸に即した美しい歌を作り得た柊二に、このような短歌表現の生理が分からなかった筈はない。とすれば「大黄河」の歌のような複文的構造をもった文体は、難解になる危険を冒してまで柊二が意図的に選択したものだった、と考えざるをえない。『群鶏』の「後記」で自己規定していたように、戦後期の柊二の歌集、とくに『小紺珠』には、この歌のように「瘤のごとき」文体を持つ歌が数多く収録されている。なぜ、この時期の柊二には「瘤のごとき」文体が必要だったのだろうか。

河原来てひとり踏み立つ午《ひる》どきの風落ちしかば砂のしづまり
無蓋車《むがいしや》に積まれし砂利が混みあへる電車停《とま》りて窓の外《と》に見ゆ
耕しし中州《なかす》の岸にせめぎつつしぐれのあとをくだる迅水《はやみづ》

これらの歌は、いずれも『小紺珠』に収録された叙景歌である。「大黄河」の歌同様、これらの歌にもどこかぎくしゃくしているところが感じられる。三首の歌の構造を先の例にしたがって図示してみる。

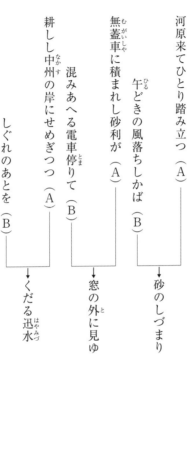

河原来てひとり踏み立つ（A）
　午《ひる》どきの風落ちしかば（B）
　　→砂のしづまり

無蓋車《むがいしゃ》に積まれし砂利が（A）
　混みあへる電車停《とま》りて（B）
　　→窓の外《と》に見ゆ

耕しし中州《なかす》の岸にせめぎつつ（A）
　しぐれのあとを（B）
　　→くだる迅水《はやみづ》

このように図示してみると、これらの歌もすべて複文的構造を持つことがわかる。しかも三首とも、現在作者の目に映っている客観的な情景を表す文脈（A）のなかに、主観的な回想をあらわすもうひとつの文脈（B）が、強引に挿入されることによって成り立っている。「大黄河」の歌同様に、これらの歌でもまた、現在の事象（A）と過去の事象（B）が、時間軸に逆行する形で叙述されているのがわかる。

このような文体は私たちに何を感じさせるのだろうか。「河原来てひとり踏み立つ→砂のしづまり」。一首目の歌において、作者はいまひとりで河原の砂を踏みしめて立っている。その砂の静かな感触が、作者の足の裏にしんしんと伝わっている。しかしながら、作者のこころは、いま目に映っている河原の情景には向かっていない。「午どきの風落ちしかば」。静かな河原の砂を踏みながら、彼は、先ほどまでこの砂を吹き上げてやまなかった、白昼の風のすがたをこころに思い描こうとする……。現在の情景をあらわす文脈のなかに、過去の情景を表す文脈を強引に挿入したこの歌の文体は、そんなたゆたうような作者のこころの動きを、リアルな形で私たちに伝えてくれるだろう。

同じことは他の二首についても言える。作者がいま目にしているのは、電車の窓の外に見える無蓋車に積まれた砂利であり、中州の岸を洗う濁流である。しかしながら、作者のこころは、そのような眼前の情景にまっすぐに向かっていってはいない。砂利や濁流を眼底に映しながら、彼は、一瞬前に電車が停車したときの肉体の感覚や、さきほど激しく降った時雨の雨脚を思いうかべている。一首目の歌同様、これら歌の文体もまた、現在の情景のなかに過去の感覚や幻影が不意にあらわれる瞬間を、忠実に再現しているといえよう。

このような文体の歌を読むとき、私たちは、自分のこころの中に或る人物のイメージが、くっきりと立ち現れてくるのを感じるだろう。それは、自分の目の前にある情景のなかにまっすぐに投入できない、ひどく不安な魂を持った人物の姿であり、現在の自分を、常に過去のある一点から見つめなおさざるを得ないような実存的な意識をもった人物の姿である。それはまた、戦中の茂吉の短歌の背後にあるような、対象のなかに無批判的に投入してゆく作者像とは対蹠的な位相にある、内省的で思索的な作者像であるといってよい。

対象のなかに没入しようとする自分を、常にひややかなまなざしで見ているもうひとつの自分の存在……。柊二の歌は、そのような自己に対する批判的な意識をもった人物の、ひえびえとした息づきのようなものを、私たちにまざまざと感じさせてくれる。それは、近代短歌の背後に私たちが感じる作者像よりも、はるかに複雑で重層的な相貌をもった作者像であるといってよい。

『小紺珠』において柊二が意図的に選択した「瘤のごとき」文体。それは、近代短歌が作りあげた作者像をさらに深化させ、重層化させることによって、より深い奥行きのある作者像を創出した。このような深みのある作者像を実作のなかで提示することによって、戦後期の柊二は、短歌の無思想性を批判した「第二芸術論」に対して、無言の抵抗を示そうとしていたのかもしれない。「瘤のごときもの」をはらんだ柊二の文体はまた、抵抗の文体でもあったのだ。

注

（1） 宮柊二『群鶏』（昭21、青磁社）後記。『宮柊二集』第1巻（平元、岩波書店）一一〇頁。

（2） 宮柊二『小紺珠』（昭23、古径社）。なおこの論考の掲出歌はすべて『宮柊二集』第1巻によっている。

あてどなさの構造

――『帰潮』における視点の問題

1

佐藤佐太郎の『帰潮』（昭27）[1]を読んでいると、しばしば、自分の脚もとがふっと揺らぐようなあてどなさを感じるときがある。浮遊感といってもいい。この感覚は近藤芳美・宮柊二といった他の戦後歌人たちの歌を読むときには感じないものだ。また、佐太郎の他の歌集を読むときもあまり感じないものだ。

例をあげてみよう。

かたじけなく一夜《ひとよ》やどれば折々にかうべをあげて潮《しほ》の音《おと》きこゆ

情景そのものはよくわかる。作者・佐太郎は、どこか海べの家に泊まっている。初句に「かたじけなく」とあるのだから、その家は旅館なのではなく、個人の家なのだろう。貧しい佐太郎は家主の好意によって、その家に一泊しているのにちがいない。慣れない旅の夜、眠れないのだろうか、彼は終夜鳴りやまない潮の音をときおり頭をあげて聞くのだ。

情景ははっきりと浮かんでくるのに、この歌を読む僕たちはどこか落ちつかないあてどなさを感じてしまう。なぜなのだろうか。

この一首を意味にしたがって分節すると、この一首は以下のような三つの部分から成り立っていることになる。

①、かたじけなく／一夜やどれば（初句・第二句）
②、折々に／かうべをあげて（第三句・第四句）
③、潮の音きこゆ（結句）

僕たちはまず①の部分を読む。

①、かたじけなく／一夜やどれば（初句・第二句）

文法的に言えば、この部分に主語は記されていない。が、短歌の場合、主語が記されていない場合は、「わたし」という主語を補って解釈することになっている。近代短歌には、そういうルールがある。僕たち読者は暗黙のうちに、そのルールにしたがってこの部分の主語を「わたし」(作者)として理解する。ああ「わたし」はいま、他人の好意によって一晩の宿を借りているのだ……。僕たちはこの部分をそのように解釈して、次の展開をひそかに予想することになろう。

そのとき手掛かりになるのが、第二句「一夜やどれば」の「ば」である。第二句と第三句をつなぐこの「ば」に注目しながら僕たちは先行的にその後の展開を予想する。

この「やどれば」は、「やどる」の已然形に助詞「ば」がついた形だ。この「已然形+ば」という句形は、事態Aと事態Bの因果関係を表す句形である。この場合、原因となった事態Aは、結果となった事態Bとは本来、別々のものであるはずだ。「風が吹けば桶屋が儲かる」。この例文でもわかるように、事態A「風が吹く」と、事態B「桶屋が儲かる」は本来全く別の事態である。その別なものの間に、僕たち人間が勝手に因果関係を見いだす。「已然形+ば」という句形が使われるのは、そのような場合だといってよい。

この原則は、短歌の場合でも同じである。『帰潮』にもこの句形を使った次のような高名な歌がある。

苦しみて生きつつをれば｜枇杷《びは》の花《はな》終りて冬の後半となる

この歌において事態A「わたしが苦しんで生きる」と、事態B「枇杷の花が終る」は、客観的には何の関係もない。佐太郎の切実なこころが、両者の間に主観的な因果関係を見いだしているのだ。この一首において、主語はAが「わたし」、Bが「枇杷の花」である。「ば」を挟んで、主語が「わたし」から「枇杷の花」に転換している。このように「ば」という助詞は、別々の事態を繋ぎ、主語を転換させる働きをもっている助詞だといってよい。

僕たちはこのような「ば」の働きを本能的に知っている。したがって、先の「かたじけなく」の一首の①を読んだ僕たちは、この「ば」に導かれて、次の部分では場面が変化し、主語が変わるだろう、と予想する。①の部分の主語は「わたし」であるから、次の部分では、その主語が「わたし以外のなにものか」に取って代わられるだろう……。そんな瞬間的な予想のもとに僕たちは、第三句・第四句を読むことになる。

②、折々に／かうべをあげて（第三句・第四句）

しかしながら、その予想は、僕たちがこの②の部分を読んだとき見事に裏切られてしまう。この部分で「頭をもたげている」のは、一首全体の状況から考えれば、「わたし」以外には考えられない。つまり、この②の部分の主語も「わたし」なのだ。「ば」があるから、②では「わたし以外のなにものか」が主語になるだろう……。そんな風に予想した僕たちは、ここで肩透かしを食らわされてしまう。あてどなさが兆す。

が、佐太郎の裏切りはこの部分だけにとどまらない。この②を読み終えた僕たちは、さらに「かうべをあげて」の「て」という助詞を手掛かりに次の展開を予想する。さきほどの「ば」が、主語を転換させる働きをもった助詞であったのに対して、「て」は、主語の明示が無いかぎり、基本的には主語をそのまま継続させる働きをもった助詞だといえる。

火消壺《ひけしつぼ》に燠《おき》を収めて｜眠るときあきらめに似て｜一日《ひとひ》終らむ　　佐藤佐太郎『歩道』[2]

たとえばこの佐太郎の一首には、ふたつの「て」が用いられている。ひとつ目の「火消壺に燠を収めて｜眠る」の場合、燠を収めるのも眠るのも、ともに「わたし」である。「て」を挟んでも主語は変わっていない。ふたつ目の「あきらめに似て｜一日終らむ」において、あきらめに似ているのは「一日」であり、終わるのも「一日」である。ここでも同様に、主語は変わっていない。このように「て」は、基本的には、事態AとBとが同じ主語を持つ場合に使用される助詞なのだ。

このような「て」の性格を手掛かりに、僕たちは結句がどのように展開するかを予想する。②の主語が「わたし」だったのだから、「て」以後の結句の主語もおそらく「わたし」だろう。僕たちは当然そのような予想のもとに結句を目を移すことになろう。

③、潮の音きこゆ（結句）

ここで僕たちは二度目の肩透かしを食わされてしまう。僕たちの予想を裏切って、ここでの主語は「わたし」ではない。「潮の音」なのだ。

整理してみよう。「かたじけなく」の一首の①から③の部分はそれぞれ括弧で括った次のような主語をもっていることになる。

①、（わたしが）かたじけなく一夜やどれば
②、（わたしが）折々にかうべをあげて
③、（潮の音が）きこゆ

傍線部を引いた「ば」と「て」によって、僕たちは「予想A」と「予想B」を胸に抱きながらこの歌を読み進めてゆく。

①、（わたしが）かたじけなく一夜やどれば
←（予想A）次の主語は「わたし以外のなにものか」だろう。
←②、（わたしが）折々にかうべをあげて
←（予想B）次の主語は「わたし」だろう。
←③、潮の音きこゆ

しかしながら、この予想Aと予想Bは、歌を読み進めてゆくにしたがって次々に裏切られてゆく。つまりこの一首において、佐太郎は「ば」と「て」という助詞の働きを巧みに利用し、

読者に次の展開を予想させた上で、その予想をこきざみに裏切っている、ということになろう。もし、普通の作者が佐太郎と同じ状況を歌うとしたら、おそらく彼は「ば」と「て」を次のような形で使用するに違いない。

かたじけなく一夜やどりて｜折々にかうべあぐれば｜潮の音きこゆ　（改作例）

佐太郎の原作とくらべると、「ば」と「て」の位置が逆になっている。それは理由のないことではない。①「一夜やどる」も②「かうべをあげる」も「わたし」が主語なのだから、①と②は主語の継続をあらわす「て」で接続する。それとは逆に、②と③はそれぞれ「わたし」と「潮の音」という異なった主語をもっているから、主語の転換を表す「ば」で接続する。この改作例において「て」と「ば」の使用法は、きわめて基本に忠実である。したがって、一首の意味内容は、佐太郎の原作以上に理解しやすいものになっているはずだ。

が、このように改作されてしまったとき、佐太郎の原作がもっていたあの一種不思議なあてどなさは一首から感じとることができなくなってしまう。歌われている情景は全く同じ。一首の言葉づかいも、「ば」と「て」が入れ代えられたにすぎない。しかしながら、不思議なことに、原作がもっていたあてどなさのニュアンスは文面からあとかたもなく消えてしまうのだ。

海沿いの街。旅の一夜。貧しさのなかで他人の好意に甘えながら仮寝をする佐太郎。彼は眠れないまま、夜も鳴りやまない潮騒をひとり耳を立てて聞く……。佐太郎の原作から濃厚に立ち上がっているのは、作者が感じているあてどない旅情の感覚である。その微妙なニュアンスは、この一首の情景からのみ生まれるものではない。そのことは、この原作と同じ情景を描いた改作例にあてどなさが漂っていないのを見てもあきらかだ。佐太郎のこの一首に漂うあてどなさは、単に一首の意味内容から立ち上がってくるものではなく、僕たちに先行的に主語を予想させ、それを次々に裏切ってゆく、この一首の不安定な文体が醸しだすものなのだ。誤用すれすれの「ば」と「て」という助詞の使用。その使用によるきわどい文体こそが、この一首のあてどなさの源泉であったといってよい。

もちろん佐太郎は、改作例のような順当な助詞の使いかたを知らなかった訳ではない。が、佐太郎はそのような助詞の順当な使用では飽き足らなかったのだ。順当な助詞の使用では、表現できない意味内容以外の微妙なニュアンス。感情の襞の痙攣のような、言葉にしがたいもの。それを表現するために、佐太郎はあえて誤用すれすれの形で、助詞を使用しているといってよいだろう。一般によく言われる佐太郎の「助詞のアクロバット」は、それを表現するために必要な手段だったといってよい。

2

『帰潮』におけるこのようなきわどい助詞の使い方は、もちろんこの一首だけにとどまらない。先の一首と同じような「て」の使用例を『帰潮』のなかからさがすと、僕たちは、たちどころに次のような歌々を見いだすことができる。

①、島のごと見えし葦むらに近づきて｜葦ふく風は寂しくもあるか
②、底冷《そこび》えのする部屋いでて｜乳のごとき二つの雲が南に見ゆる
③、海空《うみぞら》をわたる雁《がん》のむれ見送りて｜青葦《あをあし》のうへに低くなりたり
④、皓台寺《かうたいじ》墓地にのぼりて｜街中に白き坂道のみゆるさびしさ

これらの歌も、先の「かたじけなく」の歌同様、どこかあてどなさを感じさせる歌である。

これらの歌の事態Aと事態Bの主語を先ほどの例にしたがって検証すると、以下のようになろう。

①、（わたしが）葦むらに近づく（A）→風が｜寂しい（B）

②、（わたしが）部屋を出る（A）→雲が南に見える（B）
③、（わたしが）雁のむれを見送る（A）→（雁のむれが）低くなる（B）
④、（わたしが）墓地にのぼる（A）→白い坂道が見える（B）

このように見てみると、これらの歌も「て」を挾んで主語が変化する不安定な文体をもっているといえる。僕たちが、これらの歌に感じるあてどなさは、実は「かたじけなく」の歌同様、これらの不安定な助詞の使い方によるものなのだ。

しかしながらその一方で、これらの歌を読むとき、僕たちはこれらの歌で描かれている情景を頭のなかにまざまざと思い浮かべることができる。文体はきわめて不安定なのに、脳裏に浮かび上がってくる情景は明らかなのだ。それはおそらく、僕たち読者が無意識的に、事態Aと事態Bの間に次のような内容を補って一首を理解しようとしているからだと考えられる。

①、島のごと見えし葦むらに近づきて
（わたしが葦むらを見つめると）
葦ふく風は寂しくもあるか

②、底冷えのする部屋いでて
（わたしが空を見つめると）
乳のごとき二つの雲が南に見ゆる

③、海空をわたる雁のむれ見送りて
（わたしが雁のむれを見つめると、雁のむれは）
青葦のうへに低くなりたり

④、皓台寺墓地にのぼりて
（わたしが街を見下ろすと）
街中に白き坂道のみゆるさびしさ

これら補足した部分に共通するのは、これらがすべて「見る」主体としての「わたし」を想定しているということだ。つまり、①から④までの歌を読むとき、僕たちは無意識的に「見るわたし」の視点を補足してこれらの歌を理解していることになる。もし仮に、これらの歌が安定した文体を持ち、「見るわたし」の視点が一首の背後にはっきりと表現されていたなら、僕たちはこれらの歌にあてどなさを感じなくてすんだのだろう。言いかえれば、①から④の歌のあてどなさは、一元的な「見るわたし」の視点が消されていることから生まれているといってよい。

「見るわたし」の視点が消去される。そのことによってこれらの歌には、あてどなくたゆたう「わたし」の視線やこころの流れのようなものが一首のなかに現れ出ている。葦むらの遠景から、葦をそよがす風のすがたへとゆるやかに移動する視線(①)。冷たい室内の感覚から、暖かな乳房のような雲に目を移したときの体性感覚の変化(②)。「雁を見送る」「墓地をのぼる」といったみずからの動作から、「雁のむれ」や「坂道」に移動する、たゆたうような意識(③④)。一元的な視点が消去されることによって、これらの歌は、「わたし」のこころのなかにたえまなく明滅するあてどない感覚の流れをリアルに表現し得ているといってよい。

このように考えてくると、『帰潮』に頻出する以下のような不思議な歌に対する見方もおのずから変わってくるだろう。

⑤、屋根瓦《やねがはら》のあはひより雨もり居らんわが家みつつ帰りくる吾
⑥、わが乗れる夜行車《やかうしや》過ぎて踏切の鐘《かね》鳴りゐたること思ひ出づ
⑦、うつしみの人皆さむき冬の夜の霧うごかして吾があゆみ居《ゐ》る

これらの歌には、先の①から④のようなきわどい助詞は使われてはいない。が、これらの歌には先の歌と同様、どこか不思議なあてどなさが漂っている。そのあてどなさは先の歌々より、よりいっそう複雑なもののようにも感じられる。

一首一首見てみる。

⑤、屋根瓦《やねがはら》のあはひより雨もり居らんわが家みつつ帰りくる吾

この歌で分かりにくいのは、いま作者がどこにいるか、という問題である。上の句の「屋根瓦のあはひより雨もり居らん」という表現だけを見れば、作者は自分の家の外にいて、そこからいま自分の目に見えていない自宅の雨漏りを想像していると考えるしかなかろう。

しかしながら、僕たちは下の句を読んで分からなくなってしまう。「わが家みつつ帰りくる吾」。ここで作者はどこに立っているのか。自分の家に向かって「帰りくる」誰かの姿が見えるのだから、作者は家のなかにいて外を眺めていなくてはなるまい。下の句において作者が立っている位置は、一応、家の内部ということになる。しかし、その帰ってくる誰かはほかならぬ自分なのだ。自分が帰ってくる姿は、自分の目では見ることができない。するとどうなるの

か。

⑥、わが乗れる夜行車《やかうしや》過ぎて踏切の鐘《かね》鳴りゐたること思ひ出づ

この歌にも同様の問題がある。下の句「踏切の鐘鳴りゐたること思ひ出づ」という部分に注目すると、作者は列車に乗っている、と解釈するのが穏当だろう。作者はいま、列車に揺られながら、先ほど窓の外を流れていった踏切の鐘の音を思い出す。ドップラー効果によるあの独特のゆがんだ音が、自分の耳の底によみがえる……。そんな情景だろう。

下の句の解釈はそれでいいとして、上の句「わが乗れる夜行車過ぎて」が問題だ。夜行列車が目の前を過ぎる。行き過ぎる列車を見るためには、作者は少なくとも列車の外に居なければならない。そう考えると、この上の句において、作者は列車の外（踏切など）に立っているということになる。が、その列車は「わが乗れる夜行車」なのだ。自分が乗った列車の姿を、自分の目で外から見ることは現実には不可能だ。

⑦、うつしみの人皆さむき冬の夜の霧うごかして吾があゆみ居《ゐ》る

そう考えると、この歌の問題点はもう明らかだろう。上の句の表現は、夜の街を歩いている作者の目に映っている他人の様子だ。作者は街角を歩いている。が、下の句はやはり変だ。霧を動かして歩いてゆく自分の姿は、歩いている自分の目にははっきりとは見えないはずだ。その姿を見るためには、作者の目は彼の肉体から遊離して別な位置に存在していなくてはならなくなる。

要するに⑤から⑦の歌では、作者がいまどこに立って情景を見ているのかがはっきりと確定できない。「見るわたし」の一元的な位置が確定されていない。確定されていないどころか、どの歌にもそれぞれ二つの視点の位置が想定されている。これらの歌では視点の多元化が行われているのだ。

⑤「家の外」⑥「列車の中」⑦「街角」。これらの視点位置は、作中の登場人物である「わたし」の肉体と密着しているから、僕たちにも理解しやすい。しかし、⑤「家のなか」⑥「列車の外」⑦「歩いている自分が見える場所」という視点の位置は、僕たちには理解しにくい。なぜなら、これらの部分において視点の位置は、「わたし」の肉体から遊離した場所に設定されているからだ。自分の姿を客観的に見ることのできる現実にはあり得ない場所。そこから「わたし」の目は、まるで他人を見るように自分を見ているのである。これらの歌では、キュビズムの絵画のように、視点の位置が多元化され、架空の視点位置が設定されている。先に見

た①から④の歌とおなじく、これらの歌でも、一元的で固定的な「見るわたし」の視点は消去されていることになる。

一元的な視点が確定されていない歌。現実にはあり得ない視点を捏造した歌。普通なら、このような歌は初歩的なデッサンミスとして片づけられてしまう。しかし、佐太郎の歌をそれらの歌と同列に並べるわけにはゆかない。佐太郎の技術力からすれば、⑤から⑦の歌の多元的な視点の位置を、一元化することはたやすいことだったにちがいない。とすれば、佐太郎は、これらの歌において意図的に視点を多元化したのだ、と考えざるをえない。

実際『帰潮』には、自分の姿をありありと見ているような歌が多く登場してくる。佐太郎自身も、そんな自分の性向を自覚していたようだ。こんな歌がある。

⑧、客観《かくくわん》の如きみづから日の光うごきて風のたつ墓地にゐる

⑨、わが席《せき》に移る光を待つごとく居りたるならんおろそかにして

⑧の歌において、佐太郎は自分自身を「客観の如きみづから」と規定している。また、⑨の歌では、他人の目から見た一瞬前の自分の姿を、まるで自分の目で見るように的確に想像している。自分自身の全体がありありと見えてしまう自分自身の目。これらの歌にあるのは、そん

な自分の鋭い眼力に対する意識であり、かすかな恐怖感でさえあろう。

自分自身がまるで第三者のように、ひえびえと感じられてしまう瞬間。佐太郎ならずとも、僕たちは日常的にそんな瞬間に立ちあうことがある。が、そのような感覚は、多くの場合意識化される以前に、一瞬のうちにあとかたもなく消え去ってゆく。視点を多元化したこれらの歌でもって、佐太郎が描こうとしているのは、そんな瞬間の手触りである。

夜行列車の座席に揺られる。窓の外に踏切が見える。窓から外を見つめている自分の目に、たったひとりで遮断機が上がるのを待っている人が映る。そのとき僕たちは、ふっと、その人の目に映ったであろう自分の姿を意識することがある。あの人の目に、いま自分はどんな表情で映ったのだろう……。その他人の目から見た、自分の姿や自分の列車の灯火のつらなりが、ふっと目の前に幻影として浮かぶ。そんな瞬間が確かにある。その幻影は、あるいは自分の過去の体験が、意識内によみがえって来ただけなのかもしれない。が、そのような瞬間、たしかに僕たちの目は、「ここ」にいる自分の肉体から、ほんの少しではあるけれど、遊離しているのだ。
⑥の歌において佐太郎が表現しようとしているのは、あるいはそんなたゆたうようなこころの流れなのではなかろうか。彼が、多元的な視点をこれらの歌に持ち込んだのは、そのようなあてどない意識の流れを表現するためだったといえよう。

3

以上述べてきたように、⑤から⑦の歌においては「見るわたし」の視点が空間において多元化されている。空間のなかに複数個の視点が設定されている訳である。が、視点の多元化はなにも空間という次元のなかでのみ行われるのではない。それは時間という次元のなかでも行われ得るはずだ。(3) そのような歌を『帰潮』から探すと、すぐに次のような歌を見つけだすことができる。

⑩、筵《むしろ》しきて行き来のたびに霜どけの泥をこすりし跡かわきをり

この歌ではやや複雑な出来事が歌われている。整理すると、この歌で歌われているのは、時間の流れにしたがって生起する以下の四つの出来事である。

A、「筵しきて」……………わたしが筵を敷く。
B、「行き来のたびに」……………わたしがその筵の上を行き来する。
C、「霜どけの泥をこすりし」……………わたしが霜どけの泥を筵にこすりつける。

〈D、「跡かわきをり」……………………筵に泥が乾いている。

これら四つの出来事は、それぞれ異なった時点で起こっている。Aが起こり、その後にBが、そしてC、Dが……というように、これらの出来事は時間の流れに即して順番に生起しているといえる（ただし、BとCは一回的なことがらではなく何度か反復されている）。

このような複雑な出来事を歌うとき、一般的に行われるのは「いま」現に目に映っている事実だけに焦点をあわして歌う、という方法である。

まず「筵に泥が乾いている」というDの事実だけに焦点をあわす。そして、それ以前のABCの出来事は、過去の出来事として解釈する。筵を敷くことによって生じた「目の前に筵がある」という現在の事実。泥をこすりつけることによって生じた「いま目の前に泥がある」という事実。過去の出来事が引き起こした、そのような結果的な事実だけを歌のなかに記す。そしてそれ以外のこと、たとえば、筵を敷いたり、泥をすりつけたりしたときの「わたし」の具体的な動きや様子などは、すでに過ぎ去ったこととして割愛する。僕たちは、通常そのようにして歌を作っているといってよい。

そのような表現方法をとった結果生まれるのは、おそらく、次のような歌である。

敷かれたる筵の上にわがつけし霜どけの泥の跡かわきをり　（改作例）

この歌において作者の視点は、あきらかにDの時点に置かれている。泥が乾いているということに「わたし」が気づいた、その瞬間。その瞬間こそがこの歌における「いま」である。この改作例の作者は、Dというひとつの時点に自分の視点を設定し、そこを「いま」として表現している。時間の流れのなかにある無数の時点のなかからたった一つの時点を選び、そこに自分の視点を置く。そして、そこから見た情景を一首の歌に仕立てあげる……。普段僕たちが行っているこのような表現方法は、近代短歌の常套的な表現方法であるといえよう。

しかしながら佐太郎は、このような常套的な表現方法を取ろうとはしない。彼はABCDのそれぞれの時点に、自分の視点を設定する。そして、それぞれの時点において行われた出来事を、いま目の前で行われている出来事であるかのように歌ってゆくのである。

まず彼はAに視点を置く。筵を敷くという「わたし」の動作を、いま目の前で行われている出来事として表現する。筵を勢いよく拡げて冷やかな土間に敷く……。「筵しきて」という初句を読んだ僕たちは、「わたし」のそんないきいきとした動作があたかもいま現に自分の眼の前で行われているかのような錯覚を覚えるだろう。

次に佐太郎はBを視点にスライドさせる。そしてそのBの時点で行われている出来事を、いま目の前で行われている出来事として表現する。「行き来のたびに」。朝、筵を踏んで出勤し、夜、その筵を踏んで帰宅する「わたし」の姿が、僕たち読者の脳裏にありありと浮かびあがってくる。

さらに佐太郎の視点は、Cに移動する。「霜どけの泥をこすりし」。この部分を読んだ僕たちの脳裏には、「わたし」が靴に付いた泥を筵にすりつけている情景がありありと浮かんでくる。

このように佐太郎は、自分の視点をA→B→C→Dと順次スライドさせ、それぞれの時点を「いま」として表現してゆくのだ。

このようにして歌うとき、歌の表情はあきらかに変化する。たった一つの時点に視点を置いていた先の改作例とは対照的に、佐太郎のこの歌では、ひとつひとつの「わたし」の動きがいきいきと見えてくる。これを読む僕たちは、ABCDのそれぞれの動作が、自分の目のまえで次々に行われているかのような印象を覚えるといってよい。一巻の絵巻物を見るような印象。複数個の時点に視点を設定し、それを次から次へとスライドさせてゆくことにより、佐太郎はこの歌に、そんないきいきとした表情を与えているのだ。

が、このような視点の多元化は、なにも一首の躍動感だけを表現するために行われているのではない。『帰潮』には、不思議な時間感覚を表現した以下のような歌がいくつか登場してくる。

⑪、石ひとつ机に置きてをりをりに木通《あけび》のごとき石を愛しぬ
⑫、あたたかにみゆる椎《しひ》の木に近づきて椎の木の寒き木下《こした》をよぎる
⑬、春まだきの明るき庭をとぶ蜂が縁をよぎりていづこに行きし
⑭、今しばし麦うごかしてゐる風を追憶を吹く風とおもひし

これらの歌にも、「2」の部分で触れた歌のようなあてどなさがたしかに漂っていよう。そのあてどなさは、これらの歌にある多元的な時間的視点と関係している。先の例にしたがって、これらの歌で歌われている出来事をＡＢで表現してみる。

⑪、Ａ、「石ひとつ机に置きて」
←
Ｂ、「をりをりに木通のごとき石を愛しぬ」

⑫、Ａ、「あたたかにみゆる椎の木に近づきて」
←

B、「椎の木の寒き木下をよぎる」

⑬、A、「春まだきの明るき庭をとぶ蜂が縁をよぎりて」
←B、「いづこに行きし」

⑭、A、「今しばし麦うごかしてゐる風」
←B、「風を追憶を吹く風とおもひし」

このように図示してみると、これらの歌においてもAの出来事とBの出来事が、時間の流れに沿って起っていることがわかる。

このような出来事を歌う場合、普通の歌人なら、先ほどと同様Bの時点だけを「いま」と仮定し、その時点の自分の目に映った情景のみを歌おうとするだろう。そのようにして作られた歌は、おそらく、先の改作例のように生気のないものになってしまうにちがいない。

佐太郎はそんなまねはしない。彼はこれらの歌においても二つの視点を用意する。まずAの出来事を「いま」の出来事として歌い、次に視点をBにスライドさせて、Bをふたたび「いま」の出来事として歌うのだ。

ひとつの時点に視点を置いた歌を見慣れている僕たちには、佐太郎のこれらの歌は不思議なものに感じられる。過去↓現在↓未来という直線的に進行する物理学的時間がゆがみ逆流するような浮遊感。これらの歌を読む僕たちは、これらの歌にそんなあてどなさを感じずにはいられない。

しかしながら、本当のことを言えば、僕たちは普段このようなゆがんだ時間の感覚にしばしば出くわしている。僕たちがそれに気づかないのは、僕たちがその感覚をしっかりと意識化する前に、取り逃がしてしまっているだけなのだ。

椎の木の下をよぎる。その冷やかな感触のなかで、つい一瞬前の自分の気持ちがふっとよみがえる。自分のこころのなかに、椎の木に近づこうとしていた一瞬前の自分の肉体の感覚が、まるでいまそれを自分が感じているかのように、幻影としてありありと立ち上がってくる……。

たとえば、⑫の歌で歌われているのは、僕たちの脳裏に一瞬前の出来事がありありと浮かびあがってくる、あの瞬間のあてどなさだろう。僕たちは、過ぎ去った出来事を過ぎ去ったこととして思い出すことはできない。思い出すということは、過去の出来事がいま現に目の前にまざまざと立ち現れてくることにほかならないのだ。おそらく僕たちのこころというものは、物理学的な時間を自由に往還する性質をもっているのだろう。『帰潮』の歌がもつあてどなさは、時間軸に対して開かれた僕たちのこころのありようによって生まれ出てくるものだといってよい。時間的な視点を多元化したこれらの歌で、佐太郎がとらえようとしたのは、僕たちのそんなこころのありようであった。

4

『帰潮』の歌に漂うあてどなさは、一首の背後にある一元的な視点を消去することによって醸しだされてくるものである。佐太郎は先の歌々において、一元的な視点を消去し、空間や時間に複数個の視点を設置した。それによって、あてどなくただよう僕たちのこころの流れをリアルに記述しようとしたのだ。言葉になる以前の微妙なこころの流れ。『帰潮』の歌は、そのようなこころの領域があることを僕たちに教えてくれる。その領域は、短歌でしか表現できないものなのかもしれない。

佐太郎が示そうとしたのは、おそらく「短歌には短歌でしか描くことのできない独自の領域がある」ということだったのだろう。短歌という短い詩型は、たしかに、個人の思想や社会意識を表現するのには不向きな詩型なのかもしれない。がしかし、僕たちのこころの底には、思想や社会意識以前の、混沌としたこころの領域がある。短歌は、普通なら言葉にならない僕たちのそのあてどないこころの流れを、リアルに表現する。佐太郎が示したかったのは、そのような短歌の特殊性ではなかったのか。そうすることによって彼は、戦後の短歌否定論に対して無言の抵抗を示そうとしていたのである。

しかしながら、佐太郎が『帰潮』で採用した「視点の多元化」という方法は、一方では、近代短歌そのものの否定につながるような危険性をともなった方法であった。正岡子規の「写生」に代表される近代短歌のリアリズムは、一首の背後に一元的な視点を設置することによって成立する。一首の表現を「いま・ここ」にいる人間の視点に映った視覚像として構成する。近代短歌の作者や読者は、そのような共通のルールにしたがって短歌を作り、読んでいたのである。一首の背後に置かれた「いま・ここ」という一元的な視点は、近代短歌の表現を根底で支えた基本的な枠組みだったのだ。「視点の多元化」という方法は、このような近代短歌の枠組みから逸脱したところで成立している方法なのである。

周知のとおり、佐太郎はアララギ出身の歌人である。したがって彼は子規以来の「写生」の理念に深い信頼を寄せていたはずだ。彼はその「写生」をみずからの手で深化させようと努力していたと見てよい。にもかかわらず、そんな佐太郎が『帰潮』制作時に出会ったのは、「いま・ここ」という一点に縛られていては表現しえない微妙なこころの流れだった。一首の背後に「いま・ここ」という一元的な視点を置くことによって生まれた「写生」。その可能性を追求してゆくなかで、彼は皮肉にも、「写生」では捕らえることのできないこころの領域をかいま見てしまった、といってよい。視点の多元化という方法は、その新たな領域を表現するために彼が選択したものだった。彼はそれによって、近代短歌の枠組みを、ほんの少しではあるが、すでに踏み越えてしまっていたのである。

近代短歌の可能性を追求するなかで、その限界とそれを超える新たな地平を同時にかいま見てしまった佐太郎。『帰潮』に刻印されているのは、そのような佐太郎の歩みそのものなのだ。『帰潮』という歌集の底知れぬおそろしさ。それは、この歌集が、近代短歌というものをみずからの内で完成させ、それをみずからの手で超克してしまっているところにある。

注

（1）佐藤佐太郎『帰潮』（昭27、第二書房）。

（2）佐藤佐太郎『歩道』（昭15、八雲書林）。

（3）小池光はこのような観点から斎藤茂吉の歌を分析している。この部分の分析は小池の分析を参考にした。「『霜』を読む」「現代短歌雁」（平6・10、雁書館）五二頁〜五三頁。

反転する自然

――前川佐美雄『寒夢抄』がはらむ問題

昭和二十二年十月に刊行された前川佐美雄の歌集『寒夢抄』（昭22・10）[1]の後記には、刊行の意図に触れた次のような一節がある。

前に出した私の第六歌集『天平雲』は、戦争までの作を収めたものであつた。それから後は戦争となり、私も世の歌人諸氏にまけず劣らず大いに努力して戦争の歌を作つたものだ。さうしてその結果は『日本し美し』となり『金剛』となつて世に送られた。しかしこの二つの歌集の中にも戦争歌ならぬ雑詠の類は若干あるし、又、やむなく割愛して残したものも相当数あつた。今それらの中から五百十首を取り併せ一冊にしたのが本歌集である。即ち『天平雲』につづく私の歌の本筋は、やや不明瞭としてもここにあることは確かである。

現在の私は戦争中の自分に対し、また自分の歌に対して苛酷とも言ひうるさばきを与へてゐる。かかる自己判決をなすことは、現在及び将来の私にとつて極めて大切であるのは言ふまでもない。敢へてこの歌集を公にする所以は、又世人一般の冷静な批判を得て、更に私自身を鞭うちたいが為である。

（前川佐美雄『寒夢抄』後記(2)）

『寒夢抄』が刊行された昭和二十二年は、佐美雄にとってきわめて厳しい年であった。第二芸術論の嵐のなかで、佐美雄はその戦争協力歌や、戦後の豹変ぶりを厳しく指弾されたのである。『積日』（昭22・10）に収録されている「いとはしき世のさまなれば土のなか石の室《むろ》にもこもりゐぬべき」といった歌は、この時期の彼の深い悲傷と絶望を伝えていよう。

昭和二十一年夏に書かれたこの『寒夢抄』の後記は、あたかもその一年後に起る自分への批判を予測しているような文章である。佐美雄はこのなかで、戦時中の自分の行動をふりかえり「私も世の歌人諸氏にまけず劣らず大いに努力して戦争の歌を作つたものだ」といっている。その言葉通り、佐美雄には『日本《やまと》し美《うるは》し』（昭18・2）『金剛』（昭20・1）という二冊の戦争歌集がある。開戦から二年足らずの間に千二百首以上の戦争協力歌を作った佐美雄の戦時中の熱狂ぶりは、これら二冊の歌集のなかに克明に刻まれている。そのような戦時中の自分をあからさまに衆目のもとにさらし「苛酷とも言ひうるさばきを与へ」たい……。佐美雄はこの後記のなかで、『寒夢抄』の刊行意図をそのように説明する。

しかしながら、この発言はとても佐美雄の本心とは思えない。もし、佐美雄が本当に戦時中の自分に対して「冷静な批判」を得たいと思っているのだとしたら、彼はそれを得るために戦争協力に熱中した戦時中の自分の姿をありのままに世に公開しなければならないはずだ。『日本し美し』『金剛』を再刊するのならともかく、その中から「戦争歌ならぬ雑詠の類」を抜き出して一冊にする行為は理窟に合わない。しかも、彼はこのような雑詠こそが「『天平雲』につづく私の歌の本筋」だと自己主張するのである。ここには戦争協力に邁進した自分の姿を隠蔽しようとする彼の意図を感じざるを得ないだろう。

彼の言葉とはうらはらに、『寒夢抄』は当時起こりつつあった戦争犯罪人追求に先んじて彼が張りめぐらせた予防線としての意味をもった歌集ではなかったのか。その意味において私たちはこの『寒夢抄』の歌々を、あらたな検証のもとに曝してみる必要があるだろう。

彼は戦時中の自分の何を隠蔽し、何を仮構しようとしたのか。そして、そのなかにはどんな本質的な問題が潜んでいるのか。『日本し美し』と『寒夢抄』双方に収録されている「夏山青し」という連作を比較検証しながら、その問題を考えてみたい。

1

『日本し美し』には、昭和十七年夏に作られた「夏山青し」十一首が収録されている。番号を付して、全作品を引用する。

①、おのれをぞ滅《めつ》して国に仕《つか》へなば清《すが》しさは夏の山くだるみづ
②、短《みじか》かる命《いのち》に悔《くい》をあらすなと夏山の木立うかがひ見けり
③、過ぎし日は怒り易くて嘆きしが大きく今はあげつらふなし
④、戦争《たたかひ》は早や五年《いつとせ》か庭かげの苔より低き身もつとめなむ
⑤、かへり見て己《し》が命《いのち》をぞ検《しら》ぶるも砂川流る水の如きのみ
⑥、歓《よろこ》びてみな死に行ける益良夫の命《いのち》こもるや夏木立青し
⑦、かにかくに民のこころに奢《おご》りなし夏山青く壁なす時も
⑧、真日中《まひなか》に燃ゆる火焔《ほのほ》の淡《あは》けれやおほむね我は気付かざりけり
⑨、国のため為《な》す無き我と悲しめば夏木立青きそびらをさらす
⑩、われはただ祈るばかりぞ夏木立青き彼方の空のはてまで
⑪、夏山の青山くだる真清水の心を継《つ》ぎて国しまもらむ

全体として、銃後における国民の「滅私奉公」の意識を歌った連作だといえるだろう。一首一首の繋がりに注目してそれぞれの歌を見てゆく。

連作全体の流れを考えるとき、①の歌の上の句は重要であろう。「おのれをぞ滅して国に仕へなば」。自分の身を投げうって国に仕えることができるなら、私は夏山を下る清流のような清々しさを感じることができるだろう……。そんな歌意をもつこの歌では、民として国に尽す歓びが希求されているといってよい。

このような①の歌の意味は、当然次の②の歌に影響を与えてくるだろう。①の歌との関連で読むと、②の歌の「短かる命に悔をあらすな」というフレーズは、単に佐美雄個人の感慨としてではなく、たとえそれが建前だとしても、当時の国民としての使命感の表現として解釈するのが妥当であろう。これら①②の歌において、夏山の自然は報国の清々しさを希求する佐美雄の心情の比喩として機能しているのである。

しかしながら、佐美雄はその報国の歓びに素直には向かわない。③の歌の「過ぎし日は怒り易くて嘆きしが」、④の歌の「庭かげの苔より低き身」、⑤の歌の「砂川流る水」といったフレーズには、過去への悔恨の意識や、国に奉ずることを希求しながらそうすることのできない自分に対する屈折した自意識が表現されている。

このような「国に尽くすことのできない我」という意識は、天皇に対する謙遜というよりは、むしろ、戦時中の佐美雄の内面にあったコンプレックスと直接につながる意識であった。「塵《ちり》ひぢに繋《つな》がるわれと思ふだに天《あめ》あをき日を面《おも》むけがたし」（昭15）「何ひとつみ国につくすなきわれと春雷《はるがみなり》の鳴る日つつしむ」（昭16）といった『天平雲』（昭17）所収の歌には、左翼体験を持つ文弱の徒としての自分がいかに時局に無用な存在であるか、という屈折した意識がはっきり現れている。③④⑤の歌、さらには⑨の歌にある「国のため為す無き我」といったフレーズは、戦時中の佐美雄のそんな無用者としての自覚から発せられたものと見てよい。

そのような屈折した自意識を持ちながら、佐美雄が目を向けるのはなにか。それは、金剛の夏山の情景である。

⑥、歓《よろこ》びてみな死に行ける益良夫の命《いのち》こもるや夏木立青し
⑦、かにかくに民のこころに奢《おご》りなし夏山青く壁なす時も
⑨、国のため為《な》す無き我と悲しめば夏木立青きそびらをさらす
⑩、われはただ祈るばかりぞ夏木立青き彼方の空のはてまで

これらの歌のすべては、前半部の〈私〉の意識の描写が、後半部の自然描写によって回収される、という構造をもっている。その構造に従って、⑥の歌では、国に殉じた英霊に対する佐美雄の憧れの感情が、夏山の自然に対する賛美と重ねあわされてゆく。また⑦⑨⑩の歌では、南方の皇軍の勝利をただ祈るしかない無用者としての負い目が、夏山の自然のなかでゆっくり

と癒されてゆくさまが歌われている。これらの歌において佐美雄は、自分の矮小な自意識を夏山の自然のなかに解消させせようとしているといってよい。英霊が眠る青山に自分は包まれている。その安心感のなかで、無用者としての〈私〉の意識は、「民」という〈公〉の意識にやすやすと結びついてゆくのだ。

ここにおいて、夏山の自然は客観的な存在ではありえない。この一連の最終歌である⑪「夏山の青山くだる真清水の心を継ぎて国しまもらむ」の歌でもあきらかなように、英霊が眠る夏山は、佐美雄の意識のなかでは国家そのものとイコールで結ばれてしまう。「国のため為す無き我」という無用者の意識は、夏山の自然を媒介とすることによって、国家そのものと結びついてゆくのだ。その意味で『日本し美し』はその名の通り、自然賛美と一体となった国家賛美の書であった。

このような国家賛美の姿勢が、戦後の第二芸術論の嵐のなかで厳しく批判されたことは言うまでもない。その批判のなかで佐美雄は、戦時中の国家賛美の姿勢をどのように隠蔽しようとしたのか。それを検証するためには、この「夏山青し」の一連が『寒夢抄』のなかでどう再構成されているかを見てみなければなるまい。

2

「夏山青し」は、一部改作されて『寒夢抄』のなかで再録されている。『日本し美し』との異同に注目しながら、この一連にも記号を付して全体を引用してみる。

(a)、おのれをばあるがままにしあらしめば清《すが》しさは夏の山くだるみづ
(b)、短《みじか》かる命《いのち》に悔《くい》をあらすなと夏山の木立うかがひ見けり
(c)、過ぎし日は怒り易くて嘆きしが大きく今はあげつらふなし
(d)、かへり見て己《し》が命《いのち》をぞ検《しら》ぶるも砂川流る水のごときのみ
(e)、二十年《はたとせ》のながき月日の一念《ひとねがひ》いのちのごとくこもる夏山
(f)、かにかくにわれのこころに奢《おご》りなし夏山青く壁なすときも
(g)、真日中《まひなか》に燃ゆる火焔《ほのほ》の淡《あは》けれやおほむね我は気づかざりけり
(h)、今の世に為《な》すなき我と悲しめば夏木立青きそびらをさらす
(i)、われはただ祈るばかりぞ夏木立あをき彼方《かなた》の空のはてまで
(j)、夏山の青山くだる真清水のこころを継《つ》ぎて明日さへもゐむ
(k)、庭かげの苔より低き身といへど夏さりくれば青みわたるを

『日本し美し』の原作と異なる部分に傍線をつけた。原作と改作を比較すると以下のようになる。

①、おのれをぞ滅《めつ》して国に仕《つか》へなば清《すが》しさは夏の山くだるみづ　（原作）
(a)、おのれをばあるがままにしあらしめば清《すが》しさは夏の山くだるみづ　（改作）
⑦、かにかくに民のこころに奢《おご》りなし夏山青く壁なす時も　（原作）
(f)、かにかくにわれのこころに奢《おご》りなし夏山青く壁なすときも　（改作）
⑨、国のため為《な》す無き我と悲しめば夏木立青きそびらをさらす　（原作）
(h)、今の世に為《な》すなき我と悲しめば夏木立青きそびらをさらす　（改作）
⑪、夏山の青山くだる真清水の心を継《つ》ぎて国しまもらむ　（原作）
(j)、夏山の青山くだる真清水のこころを継《つ》ぎて明日さへもゐむ　（改作）

このように改作された歌は、十一首中四首。このほかに、『日本し美し』の⑥「歓《よろこ》びてみな死に行ける益良夫の命《いのち》こもるや夏木立青し」の「命こもるや」というフレーズを利用した(e)の歌や、同じく『日本し美し』の④「戦争《たたかひ》は早や五年《いつとせ》か庭かげの苔より低き身もつとめなむ」の

「庭かげの苔より低き身」というフレーズを利用した(k)の歌も含めれば、その数はさらに増えることになる。

(e)や(k)を一応旧作に触発された新作と解釈して除外すれば、先に上げた四首の改作はどれも、原作の一部分を改めたにすぎない。しかしながら、これら四首に登場する夏山の自然は、原作とは全く異なった表情を持っているように思われる。

(a)、おのれをばあるがままにしあらしめば清《すが》しさは夏の山くだるみづ

(j)、夏山の青山くだる真清水のこころを継《つ》ぎて明日さへもゐむ

たとえばこれらの歌において「夏山の清水」は、原作①⑪の歌同様に「清しさ」「こころ」といった抽象的な概念の像的な喩として使用されているにすぎない。しかしそれにもかかわらず、原作①⑪の「清水」とこれらの歌の「清水」は、少々違う感触をもっているといえる。感覚的にいえば、原作の「清水」は空疎な言葉として私たちのこころに響いてくるのに対して、改作(a)(j)に登場する「清水」はその冷たい感触が伝わってくるような、やや濃密なリアリティーを持っているようだ。なぜこのようなことが起こるのか。

一首一首の歌を佐美雄がどう改作したのかを、もう一度確かめてみる。

・「おのれをぞ滅して国に仕へなば」↓「おのれをばあるがままにしあらしめば」
・「民」↓「われ」
・「国のため」↓「今の世に」
・「国しまもらむ」↓「明日さへもゐむ」

こう見てみると、「国」「民」といった〈公〉的な意識を表す語句が、ことごとく〈私〉的な意識を表す語句に換えられていることがわかる。

このような語句の置き換えによって、この一連は、自然のなかで「おのれをばあるがままにしあらしめ」る自適な生活を送る作者の姿を描いた連作として理解されることになるだろう。改作によって、原作の「夏山青し」の連作がもっていた「滅私奉公」という〈公〉的な主題が、作者の生活を描いた〈私〉的なものに転換されているのだ。

『日本し美し』の「夏山青し」において、夏山の自然は〈公〉的な意識を持つ作者の目に映る「国土《くにつち》」として描かれていた。それは作者の思い入れによって「国土」として意味づけされた比喩としての自然であったといってよい。『寒夢抄』に再録するにあたって佐美雄は、〈私〉的な状況を連作のなかで仮構することによって、比喩としての自然を、〈私〉と対峙する濃密な手ざわりをもった等身大の自然へと反転させているのである。
このような例は、「夏山青し」以外にもたくさん見出すことができる。

・天窓《てんまど》の玻璃《はり》に冴え澄む星あかりこの国土《くにつち》を信じて眠る　『日本し美し』
・天窓の玻璃に冴え澄む星あかりこのわが地《つち》を信じて眠る　『寒夢抄』

・寒木瓜《かんぼけ》の朱弁《しゅべん》の花が群《むら》がり咲き十二月二十五日香港陥《お》ちぬ　『日本し美し』
・寒木瓜《かんぼけ》の朱弁《しゅべん》の花が群《むら》がり咲きいかにかわれをやさしみぞする　『寒夢抄』

・みいくさの後《しり》へにわれも仕《つか》ふると秋野の草を露《つゆ》ながら刈る　『金剛』
・すがしさよ藍染衣《あゐそめごろも》われは着て秋野の草を露ながら刈る　『寒夢抄』

これら『寒夢抄』の歌では、「国土《くにつち》」「香港陥《お》ちぬ」「みいくさ」といった原作のもつ〈公〉的なボキャブラリーが排除され、そのかわりに傍線を引いた部分のような〈私〉的な状況が仮構されている。そのことによって歌のなかの星あかりや木瓜・秋草は、原作にはない生々しさを帯びてくる、といってよいだろう。

もちろん改作された歌にあらわれる〈私〉的な状況は、佐美雄が戦後『寒夢抄』を編集した時に仮構したものである。たとえそれが言葉の上だけで仮構された〈私〉性であるにせよ、短歌のなかの自然は、〈私〉的な文脈のなかに置かれるやいなや、一挙に濃密なリアリティーを獲得する。佐美雄はそのような短歌定型の生理を熟知していた。熟知した上で、それを空疎な戦時中の自然詠を隠蔽するために使用したのである。〈公〉と〈私〉の変換によって、容易にその相貌を変え反転する自然。『寒夢抄』の歌々は、短歌定型のなかに置かれた自然のそんなアノニムな性格を、改めて私たちに教えてくれるといっていいだろう。

3

以上のような考察は、戦後短歌の問題を考える上で、私たちに大きな示唆を与えてくれるように思われる。

何に心を遣《や》らはばよけむ葛《くず》の花のくれなゐただれ黒みゆく野に　　昭20秋『積日』
やぶれたる国に秋立ちこの夕の雁《かり》の鳴くこゑは身に沁みわたる
春鳥《はるとり》はまばゆきばかり鳴きをれどわれの悲しみは渾沌《こんとん》として　　昭21春『紅梅』

どの歌も佐美雄の戦後期の絶唱として記憶されるべきものである。これらの歌に共通するのは、敗戦を前にした〈私〉の悲傷の強さと、それに呼応する自然の濃密な手ざわりであろう。

しかしながらこれらの歌にある濃密な自然のリアリティーは、決して絶対的なものではない。『日本し美し』のなかの自然が、〈私〉的な文脈のなかに置かれることによって、たちまち濃密な自然に反転したように、これらの歌にある自然は、〈公〉的な文脈のなかに置かれるやいなや、すぐさま『日本し美し』の空疎な自然詠に反転する可能性を持っている。戦時中の空疎な自然詠のいわば陰画として、かろうじて成立しえた〈私〉と自然の緊張関係。それはあるいは、戦後短歌一般を成立させた基本的な枠組みといえるのかもしれない。

注

（1）この論考の掲出歌は次の前川佐美雄歌集によった。『天平雲』（昭17、天理時報社）『日本し美し』（昭18、青木書店）『金剛』（昭20、人文書院）『紅梅』（昭21、臼井書房）『寒夢抄』（昭22、京都印書館）『積日』（昭22、青磁社）。

（2）前川佐美雄『寒夢抄』後記、二〇三頁～二〇四頁。

仮構された私性

思へばこの歌集の歌は、すべて厳冬寒夜のものがなしい夢であるのかも知れない。すくなくとも今はしきりにさういふ風に思はれてならぬ。

（前川佐美雄『寒夢抄』後記[1]）

1

「歌壇」七月号（平6）に掲載された島瀬信博の「前川佐美雄の二重性の問題[2]」を読んだ。好論文だと思う。特に、戦時下における佐美雄の屈折した心理を『大和』（昭15）『天平雲』（昭17）等の実作をひきながら追跡し、彼の歌のすべてを「内在的多義性の発露としての、その具現化された姿」としてとらえた部分[3]などは、看過されがちな前川佐美雄の戦中期に光をあてた創見だと思う。

しかしながら、この論文を僕の「反転する自然[4]」への反論として読むとき、そこにはいくつかの問題があるといわざるを得ない。島瀬は「戦争協力に邁進した自分の姿を隠蔽しようという意図」が隠された歌集であるとする「反転する自然」のなかの僕の見解に対して『大和』『天平雲』の歌を引きつつ、以下のように言う（引用歌略）。

また④⑨（大辻注・大辻引用歌）歌も、大辻の見るような単純なコンプレックスに由来するのではなく、⑴のような、他動的に強制される自らの運命と時代を「へりくだらねばならぬわが身」として客観しつつ、⑹のように「わたくしごとをなげかふあはれ」を歌っているのだと思う。その「わたくしごと」が、戦時下で詠まれたプライベート歌集『寒夢抄』として、強制の解けた戦後になって出版されたとすることは、ごく自然の推移として受け取っていいのではないか。

（島瀬信博「前川佐美雄の二重性の問題」「歌壇」平6・7）[5]

ここで島瀬は『大和』『天平雲』との関係に注目しながら太平洋戦争下の佐美雄の錯綜した心理を分析しようとしている。作品の解釈や心理分析自体は、充分首肯できるものだといえる。問題はそのあとだろう。この部分で島瀬は、その分析にもとづいて『寒夢抄』を「戦時下で詠まれたプライベート歌集」として受け取ろうとしているのである。本来なら、この結論は当然『寒夢抄』所収の作品に即して導かれなければならないはずで、この結論を『大和』『天平雲』

の作品分析から導こうとするのは、無理があると言わざるを得ない。

この部分において、島瀬が全面的に依拠しているのは『寒夢抄』を「プライベート歌集」と位置づけ、『日本し美し』『金剛』を「戦争歌集」と位置づけようとする、三枝昂之の著作『前川佐美雄』（平5）のなかの見解であろう。実際、島瀬はその論文のなかで、『寒夢抄』所収の「まがなしき世にありて何もまだ知らぬわが子の声のとほる冬空」と、『日本し美し』所収の「戦争《たたかひ》の世にありて何もまだ知らぬわが子の声のとほる冬空」とを比較した三枝の著作の一節を、次のような形で引用している。(6)

『日本し美し』の方が原歌である可能性が高いが、歌としては『寒夢抄』の形がまずできて、それに戦争歌としての化粧をほどこして『日本し美し』に転用した可能性もないではない。そこはわからない。戦争の時代を「まがなしき世」という個的感情の中でとらえることをプライベート歌集ではしたかったのであり、戦争歌集では「戦争の世」と直接表現したかった、そう解釈しておけば十分である。

（三枝昂之『前川佐美雄』）(7)

この部分で三枝は『寒夢抄』の歌の方が、戦時中に作られた原歌であるという可能性を、控え目ではあるが示唆している。『寒夢抄』を「戦時下で詠まれた」歌集である、とする島瀬の論は、この部分の三枝の見解をさらに徹底したものであることはあきらかだ。これらの論には妥当性があるのだろうか。実作に即して検証しなおしてみたい。

2

昭和二十九年、佐美雄は「一年間に十冊の歌集をたのまれて困りたりしは戦後すぐのこと[8]」(『捜神』)という歌を作っている。この回想詠で興味ぶかいのは、佐美雄が「戦後すぐ」の時期に「十冊の歌集」の出版を依頼されていた、という事実である。三枝の『前川佐美雄』の「年譜[9]」から当時刊行された佐美雄の歌集・歌書をあげると、次のようになる。

①『奈良早春』(肉筆歌集・21・2)
②『紅梅』(第十歌集・21・7)
③『短歌随想』(評論集・21・11)
④『植物祭』(歌集増補改訂版・22・4)
⑤『一茎一花』(選集・22・6)
⑥『寒夢抄』(第八歌集・22・10)
⑦『一千歌集』(自選歌集・22・10)

⑧『積日』（第九歌集・22・11）
⑨『饗宴』（歌集・23・5）
⑩『鳥取抄』（歌集・25・2）

たしかに夥しい刊行数である。この時期、なぜ佐美雄はこれほど多くの歌集・歌書を刊行したのか。その理由は詳しくは分からないが、これら多数の歌集の構成を見てみると、そのほとんどは、旧歌集から再録された歌や、拾遺をまとめたものであり、純粋な意味で新作を収めているのは『紅梅』『積日』の二冊にすぎないことが分かってくる。『寒夢抄』も例外ではない。この歌集に収められている五百三首の歌々の出典を調べると、それらがおもに以下のような三つの歌群から構成されていることが判明する。

(1)、『日本し美し』より再録された歌……………九九首
〈そのうち原作のまま収録された歌…………七二首
〈そのうち異なった形で収録された歌…………二七首
(2)、『金剛』より再録された歌…………………二三七首
〈そのうち原作のまま収録された歌…………二〇三首

〈そのうち異なった形で収録された歌…………三四首

(3)、『寒夢抄』ではじめて登場する歌…………六七首

〈そのうち昭和十九年一月に制作された歌……五二首

〈そのうち制作年代が確認できなかった歌……一五首

このように分析すると、『寒夢抄』という歌集が、独立自存した歌集でないことはあきらかである。佐美雄はこの歌集の「後記」のなかで『日本し美し』『金剛』から「やむなく割愛して残した」「相当数」の歌を収録したと言っているが[10]、この歌集で新しく発表された歌は、実は、昭和十九年一月に作られたとおぼしいわずか五十二首の歌にすぎない。それ以外の約九割弱の歌は『日本し美し』『金剛』からの再録なのだ。その意味で、この『寒夢抄』という歌集は、三枝のいうように佐美雄の「序数歌集」として位置づけるべきではなく[11]、戦後盛んに刊行された自選歌集と同様の選集として位置づけるのが適当ではないか、と思われる。

島瀬は事実関係を誤解しているようだが[12]、この歌集の「後記」には「昭和二十一年夏」という日付がつけてある。「後記」の書かれる時点では編集は終わっていると考えるのが一般的だから、この歌集が編集されたのは、刊行に先立つ一年以上も前の昭和二十一年の春から夏にかけての時期だということができよう。したがって、『日本し美し』『金剛』の初出の歌と『寒夢

抄』に再録された歌の異同を検証することは、敗戦一年後の佐美雄の精神風景を問いなおすことに他ならない、といってよいだろう。それは「そう解釈しておけば十分である」（三枝）というほど簡単に済ますべき問題だとは僕には思えない。

3

『日本し美し』『金剛』と『寒夢抄』の異同を検証するとき、まず目につくのは、戦争に多少とも関連する言葉が『寒夢抄』のなかには全く存在しないということである。例をあげてみる。

(1)、冬空のたちまち曇《くも》り暗《くら》み来《く》と眺めてゐれば雲も戦ふ　『日本し美し』
①、冬空のたちまち曇《くも》り暗《くら》み来《く》と眺めてゐれば雲かぎりなく　『寒夢抄』
(2)、たたかひの響《ひびき》のごとし金剛山《こんごせ》の八峰《やみね》にこもる夜の秋風は　『金剛』
②、古へをかなしむ如し金剛《こんがう》の八《や》みねにこもる夜の秋風は　『寒夢抄』
(3)、太平洋の浪を思へやその浪のひとつ大きさもはかり知られず　『金剛』
③、大海《わだつみ》の波を思へやその浪の一つ大きさもはかり知られず　『寒夢抄』
(4)、大寒《たいかん》も昨日《きのふ》と過ぎて春立つやわれのうまれし日とぞいきほふ　『金剛』
④、大寒も昨日と過ぎて春立つやわれのうまれし日とぞたのしむ　『寒夢抄』

(1)から(4)までの『日本し美し』『金剛』の歌の傍線を引いた部分の言葉は、具体的な当時の戦況を表現する言葉ではない。(1)(2)の歌のなかの「戦ふ」「たたかひ」という言葉は、雲を擬人化したり、風を比喩的に表現するために使われているにすぎない。「太平洋」や「いきほふ」にしても、とりあえずは戦争とは無関係なごく一般的な語彙だといってよい。しかしながら、戦争それ自体とは無関係なこれらの言葉が、『寒夢抄』では①から④のように、それぞれ「雲かぎりなく」「古へをかなしむ如し」「大海」「たのしむ」という言葉に置き換えられている。

このような事態を僕たちはどう捕らえるべきなのか。三枝や島瀬の見解にしたがえば、戦時中の佐美雄は、「雲かぎりなく」「大海」「たのしむ」という原歌の表現を「雲も戦ふ」「太平洋」「いきほふ」という表現に置き換え、戦争詠としての化粧を施して発表したのだ、ということになろうが、その可能性はどう考えても少ないと言わざるを得ない。なぜなら、「たのしむ」という言葉を「いきほふ」に換え、「大海」を「太平洋」に換えたところで、それだけで、(3)の歌や(4)の歌が、国家への「頌歌」[13]になるとはとても考えられないからだ。戦争詠を偽装するために、このような形で、語句の置き換えをする必然性・妥当性は少ないといえる。

とすればやはり、『寒夢抄』の歌の方が改作だ、と考えるのが妥当だろう。『寒夢抄』編集時の佐美雄は「雲も戦ふ」「太平洋」「いきほふ」といった、戦争を連想させるような危険性を持ったボキャブラリーを神経質なまでに警戒し、それらをことごとく当たり障りのない言葉に差し替えたのではなかったか。このほかにも佐美雄は、初出の歌にあった「すめぐに」「みいくさ」「国」「民」といった言葉を、ことごとく他の言葉に置き換えて『寒夢抄』のなかに収めている。すこしでも戦争を連想させる言葉、僅かでも戦争賛美を感じさせる言葉。たとえそれが比喩的な形で使われていても、佐美雄はそのような言葉を『寒夢抄』には決して載せようとしなかった。『日本し美し』『金剛』と『寒夢抄』の歌の異同はそのような戦後の佐美雄の自己処分のありさまを僕たちに示しているのである。

さらに、次のような異同はどう考えるべきなのか。

(5)、戦争《たたかひ》の世にありて何もまだ知らぬわが子の声のとほる冬空　『日本し美し』
⑤、まがなしき世にありて何もまだ知らぬわが子の声のとほる冬空　『寒夢抄』
(6)、戦はいよいよ邃《ふか》く大きくなりわが眼《め》のしづけく物を見むとす　『日本し美し』
⑥、まがなしき世となりゆくやひそむがにわが眼《め》のしづけく物を見むとす　『寒夢抄』
(7)、戦争《たたかひ》のふかき心にしみつきてこの春の花の常よりは濃《こ》し　『日本し美し』
⑦、世をなげくふかき心にしみつきてこの春の花の常よりは濃《こ》し　『寒夢抄』
(8)、わが身にてわが身ならざる時《とき》今ぞ眉あげて望み恋《こほ》しかりけり　『日本し美し』

⑧、わが身にてわが身ならざる時《とき》今ぞ眉あげて望み悲しかりけり　『寒夢抄』

これらの歌々の異同を見てわかるのは、初出の歌に現れる「戦争の世」という時代認識が、『寒夢抄』ではことごとく「まがなし」「悲し」といった悲観的な時代認識の言葉に置き換えられている、という事実である。

これらの事実を見るとき、すぐに思い浮かぶのは、『寒夢抄』の編集時の昭和二十一年夏に歌われた佐美雄の次のような歌々である。

ひとのする行《おこな》ひ日々《ひび》にうべなへずいかりしづめて見る悲しびよ　「残滴集」『積日』
朝さむきやぶれ障子の桟《さん》にゐて蟷螂《たうらう》われをとがむるに似つ
いとはしき世のさまなれば土のなか石の室《むろ》にもこもりゐぬべき
死ぬばかり世がなさけなくなり来《く》なれみ輿《こし》かつぎのぞめきを聞けば

昭和二十一年初頭に作られた『紅梅』所収の歌が悲嘆のなかにも、比較的明るく力強い調べを持っているのに対して、『積日』の「残滴集」[14]のなかに収められた歌々は、作者の心弱りを丹念に歌ったものが多い。『寒夢抄』編集時の佐美雄は、おそらくこれらの歌に表現されているように「いとはしき世」の姿に対する怒りを心のなかに沈めつつ「石の室にもこもりゐぬべき」という厭世的な心情にとらわれていた、といってよい。

これらの歌を見るとき、僕たちはこの「残滴集」の歌のトーンが、『寒夢抄』のなかの⑤⑥⑦の歌に酷似していることを感じるだろう。島瀬論文は『寒夢抄』を『大和』『天平雲』との連続性のなかでとらえ、『寒夢抄』と戦後の歌との間には断絶があるとしている[15]が、事実はむしろ逆ではないだろうか。「まがなしき世」「世をなげくふかき心にしみつきて」といったフレーズのなかに込められた時代認識は、三枝がいうように、一方で戦争詠の制作に熱中していた戦時中の佐美雄が「個的感情の中でとらえ」た時代認識だと考えるべきではなく、昭和二十一年当時の佐美雄のなかにあった時代認識だと考えるのがふさわしいと思われる。冒頭にあげた「後記」の美しい結語のように、『寒夢抄』編集時の佐美雄は、自らが当時感じた「まがなしき世」という時代認識を、「厳冬寒夜のものがなしい夢」として戦時中のみずからの姿のなかに反映させてしまったのではないか。

このような事実の確認は、三枝や島瀬の論に対する有効な反証となるはずだ。先にあげた(6)の「戦はいよいよ邃《ふか》く大きくなりわが眼《め》のしづけく物を見むとす」という歌は、昭和十七年一月に作られた「戦捷の日に」という連作のなかに収められている。日本軍はこのとき連戦連勝を続けていた。三枝がいうように、もし佐美雄が『寒夢抄』の原歌に戦争詠の化粧をほどこしたのだとすると、彼は「まがなしき世となりゆくやひそむがにわが眼《め》のしづけく物を見むとす」という歌の上句を、わざわざ「戦はいよいよ邃《ふか》く大きくなり」と改作し戦勝を歌った一首に仕立てたことになる。佐美雄ほどの作者なら、なにも、よりによって「まがなしき世」を歌う歌を戦争詠に仕立てる、というこんな手のこんだ改作をしなくても、新作を作ればそれで事は済むだろう。世を嘆く歌をわざわざ改作してまで、戦争詠に仕立てる必然性はどこにもない。またこの歌が、ほとんどの日本人が勝利に酔っていた当時に歌われた歌だとすると「かくなつた以上は是が非でも勝たねばならぬ[16]」（『積日』後記）と考えていた当時の佐美雄が、たとえ私的にでも「まがなしき世となりゆくや」と歌ったとは考えにくい。その事情は「初の大詔奉戴日」を歌った(8)の歌や、その他の歌についても同様だろう。

このように考えてくると、『寒夢抄』を「戦時下で詠まれたプライベート歌集」として位置づける島瀬の論や、『寒夢抄』の歌が原歌である可能性を示唆した三枝の論は、ほとんど現実味のない論であることがわかってくる。戦時中の佐美雄の自筆原稿が発見されでもすれば話は別だが、それがない以上『寒夢抄』の歌が原歌であるという説は空論に過ぎないと思われる。たしかに『寒夢抄』は、三枝のいうように作者自身の〈個〉の嘆きに密着した歌集ではある[17]。しかしながら、それは、戦時中の佐美雄がリアルタイムで歌った嘆きではなく、昭和二十一年当時の佐美雄が、戦時中の自らに仮託して歌わしめた嘆きであった。『寒夢抄』のなかにある濃密な私性は、結局のところ、仮構された私性であったのだ。

4

このように考えてくるとき、僕のこころにはひとつの疑問がわき上がってくる。それは島瀬がその論拠とした、戦時中の佐美雄に対する三枝の『前川佐美雄』の見解がはたして妥当なものだったのか、という疑問である。三枝の『前川佐美雄』は、言うまでもなく、実証的で綿密な検証にもとづいた名著であり、数々の創見を含んでいる。その三枝がなぜ、控えめな形ではあるが「歌としては『寒夢抄』の形がまずできて、それに戦争歌としての化粧をほどこして『日本し美し』に転用した可能性もないではない」といった、強引とも思える仮説を提出したのか。

すぐに気づくのは、三枝は戦時中の佐美雄の歌を「公的短歌・私的短歌」という二分法的な図式に則って解釈しようとしている、ということである。彼は昭和十六年夏に制作された『天平雲』所収の「呂律」「暑日」という連作を例にあげて、次のように説明している。

(A)何ひとつみ国につくすなきわれのただにつつしむいのちの限り　（「呂律」）
(B)梅雨ふけしある夜底ぬけの雨降りてものの命《いのち》をなべてくだしぬ　（同右）

(A)国のため身をこなごなにしつくすもなほむくいがたしいや大き恩　（同右）

(B)まだ暗き露《つゆ》の草間に踏み入るやこころの慧《さと》さのかなしきばかり　（同右）

(A)戦死者を空《むな》しくしすな戦死者の霊《たま》にこたへむまつりごとせよ　（「暑日」）

(B)悲しみて旅ゆく汽車の窓に見しひとつの夢や昼顔の花　（同右）

(B)行く末はいかがあるらむ道ばたの川の萍《うきくさ》ながれてやまぬ　（同右）

ここには十五年戦争が第三次戦時体制へ、即ち太平洋戦争段階へと拡大してゆく直前の、その時代相は紛れもない。どこに紛れもないのだろうか。(A)を公的短歌、(B)を私的短歌と性格付けしておくと、公的短歌と私的短歌の、そのサンドウィッチのような組み合わせに、時代相は紛れもない。

国のために身を粉にしても足りないほどの恩を〈私〉は受けているという建前を提出し、それになぜ「こころの慧さのかなしきばかり」という本音をセットするのだろうか。

（三枝昂之『前川佐美雄』[18]）

この部分において三枝は、佐美雄の歌を「建前」を歌った「公的短歌」と、「本音」を歌った「私的短歌」という二つに分類して考えていこうとしている。それればかりではなく、三枝はこの部分で提示した「公的短歌・私的短歌」あるいは「建前の歌・本音の歌」という二分法的な図式を使って、戦時中の佐美雄短歌を裁断しようとしている。『日本し美し』『金剛』を、公的短歌を集めた「戦争歌集」として位置づけ、『寒夢抄』『積日』を私的短歌を集めた「プライベート歌集」として位置づける三枝の論法も、基本的にはこの図式の延長上にあることはあきらかだ。また『寒夢抄』の所収の歌に、建前の部分とは別の「〈個〉の嘆き」の発露を見、そこに佐美雄の「本音」を見ようとした三枝の見解[19]の根本にも、このような二分法的な図式があるといってよい。

しかしながら、戦時中の佐美雄の精神の軌跡を、より具体的な形で追おうとするとき、三枝が提示したこの二分法的な図式は、はたして有効に機能するものなのだろうか。

昭和十五・十六年の佐美雄は、次のような類似した発想を持ついくつかの歌を作っている。

塵《ちり》ひぢに繋《つな》がるわれと思ふだに天《あめ》あをき日を面《おも》むけがたし　『天平雲』
おのれをば殴《なぐ》りつけたる朝なれば露まみれなる命《いのち》いとほし
藁《わら》しべの如きいのちと卑《いや》しむな清《すが》しきぞ雨に風に曝《さ》れたり
何ひとつみ国につくすなきわれと春雷《はるがみなり》の鳴る日つつしむ
民われの畏《おそ》れをののく過ぎし日のゆるされがたき深き罪ひとつ

「塵ひぢに繋がるわれ」「おのれをば殴りつけたる朝」「稾しべの如きいのち」といったこれらの歌の表現には、『大和』までの佐美雄の歌にはない、屈折した自虐的な意識をうかがうことができる。「反転する自然」のなかで僕はこの時期の佐美雄の歌に見られるこのような意識を、やや乱暴に「左翼体験を持つ文弱の徒」という「コンプレックス」として規定しておいた。たしかにそれはやや性急な推論だったかも知れないが、佐美雄のこのような屈折した自虐的な意識は、どこかで「み国につくすなき」「ゆるされがたき深き罪」をもった「民」としての意識と複雑にからみあった意識だったということはいえよう。先の部分で三枝が引用している「呂律」のなかの「何ひとつ」の歌（二首目）や、「国のため」の歌（三首目）も、三枝がいうような「建前」として歌われたものではなく、戦時下の佐美雄のそんな複雑な内面がおのずから形となった歌だと思う。

しかしながら、このような佐美雄の屈折した自虐的な意識は太平洋戦争開戦後の『日本し美し』のなかでは、次のように劇的に変化してしまっている。

『日本し美し』

戦争《たたかひ》に関係《かかは》らぬ命ひとつだにありやわがごと末端《すゑはし》の身も
戦争《たたかひ》は早や五年《いつとせ》か庭かげの苔より低き身もつとめなむ

過ぎし日のわが罪《つみ》思へば瞬間《たまゆら》も生きてゐがたきを許し給へり
わが身にてわが身ならざる時《とき》今ぞ眉あげて望み恋《こほ》しかりけり

これらの歌に見られる「末端《すゑはし》の身」「苔より低き身」といった表現は、先の『天平雲』の歌の自虐的な意識の延長上にあるものだ。しかしながら、これらのフレーズには『天平雲』の歌のような、自らを苛む激しさはない。先の歌にあった「ゆるされがたき深き罪」の意識は、「わが身にてわが身ならざる」ような国家との一体感のなかで希薄化されてしまっている。ここでは『天平雲』において彼を苦しめたあの自虐的な意識が、国家と一体となることによって、あるいは、一体になっていると信じることによって癒されてしまっているのである。

民としての「深き罪」の自覚におののきながら、その自虐的な自意識を国家との一体感のなかで解消させようとするこころの動き。おそらく太平洋戦争開戦時の佐美雄のなかには、そのような自己意識と国家意識の複雑な絡みあいがあったはずだ。その絡みあいのなかで、彼はおそらく本音で戦争詠を歌い、その制作に熱中していったのである。確立された〈私〉と〈公〉が対峙的に向きあうという、近代主義的な公私関係にもとづいた三枝の「公的短歌・私的短歌」の図式は、佐美雄のなかにあるこのような自己意識と国家意識の動態そのものを把握しえないのではないか。佐美雄の戦争詠を建前としての「公的短歌」としてのみとらえ、『日本し美し』を「戦争歌集」と位置づける彼の視座からは、結局のところ、戦時下の佐美雄の熱狂的な戦争詠制作の必然性は理解できないものにとどまるしかない。戦時下の佐美雄をとらえようとするとき、三枝が用意した「私的短歌・公的短歌」の図式は、彼が考えているほど有効に機能してはいない。

思うに、島瀬がその論文のなかで『大和』『天平雲』の作を引きながら検証しようとしたのは、以上のべたような、自己意識と国家への意識が相剋しつつ絡みあい、最終的には「国土《くにつち》」としての自然を荘厳するに至る、戦時下の佐美雄の精神の動的な動きそのものだったのではないか。彼が佐美雄の歌を「内在的多義性の発露[20]」ととらえ、戦時下の佐美雄に「自己に内在する多義性のうずき[21]」を見たのも、島瀬が、佐美雄のそんな内面の動性を見失わなかったからだと思われる。

そのように考えてくると、島瀬がなぜ三枝の見解を無批判的に鵜呑みにしたのか、ということが僕にはますますわからなくなってくる。佐美雄の錯綜した内面を『大和』『天平雲』の作品分析を通じてあれほど精緻に解析してみせた、その島瀬がなぜ『寒夢抄』の具体的な作品の検討もなしに、早急な「私的短歌・公的短歌」という二分法的な図式にもとづく三枝の見解に同調したのか、僕にはよくわからない。同調するどころか、島瀬は、三枝がその可能性を控え目に示すだけにとどめた「戦時下で詠まれたプライベート歌集」という『寒夢抄』の位置づけを、何の論拠もなしに断定してしまっている。そこにこの島瀬論文の最大の論理的な矛盾がある、と僕には思われる。

島瀬はその論文の結語で、自らが理想とする批評の態度について次のように述べている。

どのような方法でもいいが、その〈方法〉によって複雑さ多義性を平準化することなく全的に捉えること。そうすることで、作品を通し、作者と読者の融合する間主観的な場に、既成のとらわれを脱した、新しい意味は生まれてくるだろう。その〈方法〉の確立こそが、求められていくべきではないだろうか。

（島瀬信博「前川佐美雄の二重性の問題[22]」）

もし、島瀬が戦時下の佐美雄の多義性を全的にとらえようとするなら、島瀬は、『日本し美し』『金剛』のなかの具体的な作品の分析を通して、三枝の「公的短歌・私的短歌」という二分法的な図式を、もう一度自らの目で、批判的に検討すべきではなかったのか。「既成のとらわれを脱した、新しい意味」は、そのような態度からしか生まれはしないはずだ。

僕たちに必要なのは、もちろん島瀬のいうように、荒正人が行ったような状況論的批判ではない。また逆に、佐美雄作品への「善意」に基づいた恣意的で図式的な解釈を行うことでもないはずだ。「作品を通し、作者と読者の融合する間主観的な場」を作りあげること、それは、いいかえれば、作品そのものの精読という「場」のなかで、作者・佐美雄と読者である僕たちが真向かってみることに他ならないだろう。創見に満ちた島瀬の論文に、そんな姿勢があったなら、と残念に思う。

注

(1) 前川佐美雄の歌集については、本評論集「反転する自然」注1(二〇八頁)を参照のこと。
(2) 島瀬信博「前川佐美雄の二重性の問題」「歌壇」(平6・7、本阿弥書店)一三六頁～一四三頁。
(3) 同右論文、一三九頁。
(4) 大辻隆弘「反転する自然」(本評論集所収)。初出は「歌壇」(平6・6)。
(5) 島瀬信博前掲論文、「歌壇」(平6・7)一三九頁。
(6) 島瀬信博前掲論文、同右書一三八頁。
(7) 三枝昂之『前川佐美雄』(平5、五柳書院)八章「佐美雄における戦争」二二五頁。
(8) 前川佐美雄『捜神』(昭39、昭森社)。
(9) 三枝昂之『前川佐美雄』「前川佐美雄年譜」四〇四頁～四〇六頁。
(10) 前川佐美雄『寒夢抄』「後記」二〇三頁。
(11) 三枝昂之『前川佐美雄』三六九頁。
(12) 島瀬信博前掲論文に次の記述がある。
大辻隆弘が『反転する自然』の中で、昭和二十二年十月刊行の『寒夢抄』を、「当時起こりつつあった戦争犯罪人追求に先んじて彼が張りめぐらせた予防線」というのは、既にその一年と十ヵ月も前から佐美雄批判が開始され、『紅梅』刊行を機に一気にそれが噴き出したことから見れば、決してそれは「先んじて」もいなければ、「予防線」ともなり得ないわけで、少々認識がずれているのではないか、と言わざるを得ない。（「歌壇」平6・7、一四一頁）

(13) 『日本し美し』の扉には「頌歌日本し美し」と記されている。

(14) 『積日』は、「朝木集」（昭和二十年四月から二十一年一月の歌を収録）と「残滴集」（昭和二十一年四月から二十一年十月の歌を収録）の二部構成となっている。

(15) 島瀬信博前掲論文、一三八頁。

(16) 前川佐美雄『積日』「後記」一五七頁。

(17) 三枝昻之『前川佐美雄』八章「佐美雄における戦争」二二四頁。

(18) 同右書、二二一頁。

(19) 同右書、二二四頁。

(20) 島瀬信博前掲論文、一三九頁。

(21) 同右論文、一四三頁。

(22) 同右論文、一四二頁。

我を涼しく朝床に置く
――稲森宗太郎の青春と昭和

ぼくは二十歳だった。それがひとの一生でいちばん美しい年齢だなどとだれにも言わせまい。
（ポール・ニザン『アデン・アラビア』[1]）

いまどきニザンの言葉の引用で語りはじめようとするなんて、人は時代錯誤だと笑うかもしれない。が、僕が二十歳のころ、文庫本の広告かなにかで目にしたこの一文は、三十代半ばにある今の僕の目から見ても、青春というものの本質を突いた名言であるような気がする。

リアルタイムで青春を生きているものにとって青春は決して美しくはない。自分に対する過剰な意識、自尊心とその裏返しの自己嫌悪、重苦しくのしかかってくる性欲、将来に対する希望と不安。そんな醜い感情は、日々自分のこころのなかに渦巻いていたはずだ。が、それを思いかえそうとすると、どこかで甘やかなヴェールをかけて過去を見つめている、もう一人の自分に気づく。思い出のなかの青春はいつも美しい。生々しいリアルタイムの青春は、リアルタイムで生きているものしか感じとることができないものに違いない。

そのように考えてみると、近代短歌の歌集、たとえば『みだれ髪』や『海の声』などの中に登場する典型的な青春像は、どこかうさんくさいものに感じられてくる。青春を謳歌した晶子・牧水・白秋らの名唱は、たしかに今なお僕たちの心を打ちはする。が、それらの歌は、思い出のなかの青春のように、どこか美しすぎるのだ。近代短歌が、青春に対する研ぎ澄まされたリアルな視線を獲得するのは、実はかなり後になってからのことだったのではなかったか、と思われる。

青春短歌の典型から抜けだし、自らの青春を美化することなく冷徹に見つめた歌人のなかに、昭和五年満二十九歳でこの世を去った稲森宗太郎がいる。彼の死因は肺結核であった。彼の歌集『水枕』(2)(昭5)は、二十二歳のころから死の直前にいたるまでの五百五十三首を収録した、彼の実質上の処女歌集である。この歌集には、大正から昭和にかけての時代を生きた若者の青春が、リアルな形で刻印されているといってよい。近代短歌が持ちえた青春に対する冷静な視線が、この歌集の中にある。

『水枕』の中心をなすのは、日常生活のなかの細部を研ぎ澄まされた感覚でとらえた次のような歌である。

けふの日の思はぬ入日わが部屋の電球の面にひそかにうつれる　（大14）

なんという繊細な感覚だろう、と思う。作者は翳りゆく部屋のなかで立ちあがり、電球のスイッチをひねろうとする。つややかな電球の灰色の表面に、小さな夕日が映っている。そこには夕日に照らされた街の遠景も映っているにちがいない。

一日の終わりに、電球に映った小さい夕日を発見する作者。彼にとって、電球の凸面《めん》にゆがんで映っている小さな夕方の景色だけが、唯一自分の手で触ることのできる現実の世界なのだ。小さな電球の面に映った夕日という微細なものを通して、彼はかろうじて外の世界に触れ合っているといってもよいだろう。そこには、限りなく澄み切った感性がある。が、しかしまたそれは、みずからの小さな世界のなかでのみ安らうことのできる閉じられた不安な感性でもある。

次のような歌もある。

読みさしし机の本にさせる月人の坐りて読みゐる如し　（昭2）

彼には、室内で歌った歌が数多くある。もちろん、それは肺疾患という彼の肉体的な条件によるものでもあるのだが、より本質的に言えば、それは彼の内省的な性向によるものだといってよい。ありていにいえば、彼の歌には他者の影が非常に薄いのだ。

この一首は、彼の歌にはめずらしく「人」が登場してくる歌である。が、それは現実の他者ではなく、幻を見る彼の視線のなかに立ちあらわれてくる他者にすぎない。

月光の舞い降りる机には、先ほどまで彼が読んでいた書物が開かれたままになっている。白いページに反射する月光が部屋の一隅をかすかに、ほのかに照らし出している。その月光のなかに彼は、自分が読みさして置いた部分を先へ先へと読み進めてゆく「人」の影を感じとる。その人物は、彼と同じ書物を読み、その書物に描かれている物語を語り合うことができる人物にちがいない。この歌には、幻に見た人物にさえ懐かしさを感じてしまう若者の孤独な感性がある。内向的な若者だけが持つ人懐かしさの感覚が濃厚に漂う一首だといえる。

稲森宗太郎の歌は、総じて、このようなこまやかな感性の顫えを感じさせる歌が多い。そのこまやかな感性のなかで、彼は自分というものを感覚的にとらえなおそうとしている。

しら雪のふりさかる今をわが耳よかしましき音をききゐる如し　（大15）
草芙蓉けふの花しぼみあすの花ふふむ夕べを我はゐるかも
朝風にみだるる檜葉の秀《ほ》のいくつ目瞼《まぶた》の重く我は見てをり　（昭2）

これらの歌には、けだるい肉体の感覚のなかで、いやおうなく感じられてくる「われ」というものへのまなざしが窺えるだろう。

一首めの歌では、彼の視線は、降りしきる雪に向けられている。が、彼はその雪を単に視覚のみでとらえているのではない。彼は雪の白い乱舞のなかに「かしましき音」を聞きとったように感じている。視覚と聴覚とが分かちがたく混じり合う、その不思議な感覚のなかで、彼は自分の耳に対して「わが耳よ」と嘆声のようなつぶやきを洩らす。肉体の感覚のなかで自分の「耳」を感じ、さらには自分という存在そのものを意識してしまう彼の性情がここにはある。彼にとって「われ」というものは、理念的に捉えうる対象ではなく、けだるい肉体の感覚のなかでのみ確かめられるものなのだ。

同様のことは二首めと三首めの歌についてもいえる。今日の花はすでにしぼみ明日の花はまだ開こうとしていない、夕暮れという曖昧な時間。その淀むようなけだるい時間を感じながら「我はゐるかも」とつぶやく彼。朝の風に吹かれる檜のゆるやかな枝の動きを目で追いながら、自分の瞼の重さを感じとる彼。これらの歌にも肉体の感覚のなかでのみ把握され意識される若者の「われ」があるといってよい。

稲森宗太郎のこのような歌を読むとき、僕は、十代の終わりから二十代のはじめにかけて自分を覆っていた、あの微熱のようなけだるさをまざまざと思い出してしまう。宗太郎は、すでに大正十三年、二十三歳で結婚しているのだが、彼の歌には、ほとんど妻は登場していない。彼は、彼自身の孤独な微熱のなかで「われ」を見つめている。彼の歌は、明治・大正期の自己陶酔的な青春の歌とは微妙に異なる、実存的な感覚にふるえる不安な青春の歌なのだ。

稲森宗太郎がその青春を生きた大正末期から昭和初期の時代。それは、たとえば芥川龍之介の遺書（昭2）に残された「ぼんやりした不安」という言葉で象徴されるような、どこか不安定で、不透明な時代であった。その時代状況は、現実と隔絶した感のある宗太郎の歌の上にも微妙な影を落としている。昭和三年宗太郎は早稲田大学を卒業し、就職口を探す。が、その彼に、不況という現実は重くのしかかる。

勤め口なしとし知りて貧しきにあらむと願ひし我にかへりぬ　（昭3）

また同じ年の秋、彼は「肺尖カタル」の診断を受ける。

床の上に我は淋しも人にまじり世に働きて負けじと思ふに
聴診器胸にうけつつカーテンのひだにたまれる灯《ほ》かげを見てをり　（昭3）

繊細な感覚で「われ」を歌う彼の初期の歌を読み慣れた目には、実生活を歌ったこれらの歌がもつ生々しい詠嘆性は、少々痛ましいものに見える。が、このような詠嘆性に満ちた歌の一方で、彼は次のようにも歌うのだ。

鵙の声つぎてはきこえ夢さめし我を涼しく朝床におく　（昭3）

なんという澄み切った心象であろう。病床の夢がさめやらぬけだるい目覚めのなかに、晩秋の百舌の鳴き声が鋭く響く。が、彼はその声を能動的に聞くのではない。「我を涼しく朝床におく」のは、自分ではなく、いまここに鋭く響いた百舌の声なのだ。百舌の声に呼ばれることによって、受動的なかたちでかろうじて存在することのできる宗太郎の「われ」。そのひそかな自己意識は、自分というものを感覚的にとらえようとしてきた宗太郎の青春の、ひとつの到達点を示しているのかもしれない。

宗太郎の歌を読んでいると、僕は、彼と同じ年に生まれ、彼同様肺結核で夭折（三十二歳）した梶井基次郎の小説「檸檬」の次のような一節を思い出す。

それからまた、びいどろと云ふ色硝子で鯛や花を打出してあるおはじきが好きになつたし、南京玉が好きになつた。またそれを嘗めて見るのが私にとつて何ともいへない享楽だつたのだ。あのびいどろの味程幽かな涼しい味があるものか。私は幼い時よくそれを口に入れては父母に叱られたものだが、その幼時のあまい記憶が大きくなつて落魄れた私に蘇つてくる故だらうか、全くあの味には幽かな爽かな何となく詩美と云つたやうな味覚が漂つて来る。

（梶井基次郎「檸檬」大14(3)）

薄い硝子玉の冷やかな味覚という受動的な感覚のなかでのみ、かすかに実感される「われ」。この小説のなかに出てくる主人公の感覚は、宗太郎の短歌のなかにある「われ」と根底において共通するものだ。宗太郎の歌とおなじく、時代というものから隔絶されているかのような基次郎の小説。が、そこにあるのは、実は、彼らの世代に共通した顫えるような青春の感覚である。その感覚は、彼と同世代（明治三十六年生）の前川佐美雄の第一歌集『植物祭』（昭5）のなかにも、デフォルメされた形で表現されていると見てよい。

宗太郎らが青春をすごした昭和初年は、若者にとって決して幸福な時代ではなかった。が、それによって逆に彼らの青春は、より研ぎ澄まされた形で文学の中に表現されていったのではなかったか。稲森宗太郎の『水枕』は、昭和初期という不透明な時代を生きた若者の生きざまを克明に記録した歌集である、ともいえるのである。

注

（1）桜井哲夫「青春の伝説」『思想としての60年代』（昭63、講談社）七頁より引用。日本語訳として、篠田浩一郎訳『アデン・アラビア』（昭41、晶文社）。

（2）『現代短歌全集』第6巻（昭56、筑摩書房）所収。

（3）『梶井基次郎全集』第1巻（昭41、筑摩書房）。初出は「青空」（大14・1）。

萩原朔太郎における詩と短歌

人は、いつどのようにして歌とのわかれをはたすのか。島崎藤村、田山花袋、宮沢賢治、中原中也、中野重治……。日本の近代文学者のなかの数多くは、執着の度合いの差こそあれ、その最初の文学表現の手段として短歌を選択し、やがてそれを捨てて他のジャンルへと向かっていった。なぜ彼らは短歌という形式を捨てたのか。

日本近代詩の確立者である萩原朔太郎もまた、最初に選んだ文学形式は短歌であった。明治三十五年、与謝野晶子の『みだれ髪』を読んで感銘を受けた十七歳の朔太郎は「明星」などに多数の短歌を発表し、歌人としてのスタートを切る。彼の短歌制作は、その後十年以上にもおよぶ本格的なものだった。そんな熱心な歌人であった朔太郎が短歌を捨て自由詩を選んだのはなぜだったのか。そこには詩と短歌をめぐるどのような問題が横たわっているのか。朔太郎の最初期の詩と、その時期に制作された短歌を比較することによってその問題を考えてみたい。

1

大正二年五月、当時二十八歳の萩原朔太郎は、北原白秋が主宰していた雑誌「朱欒《ザンボア》」に五篇の詩を発表する。それは、それまで短歌を作っていた彼の実質的な詩壇へのデビュー作といえるものだった。その五篇の詩のなかの「みちゆき」[1]（のちに「夜汽車」と改題）という一篇は、人妻との夜汽車での逃避行をモチーフとした作品である。

有明のうすらあかりは
硝子戸に指のあとつめたく
ほの白みゆく山の端は
みづがねのごとくにしめやかなれども
まだ旅びとのねむりさめやらねば
つかれたる電燈のためいきばかりこちたしや。
（1～6行）

十七行からなる詩の導入部を引用した。ここでは、夜汽車の窓の外の夜明けの情景と客車内の情景とが、四行め末尾の「ども」という逆接の接続助詞によって対比的にむすびつけられている。

主人公の視線は、まず窓の外に向かう。「有明のうすらあかり」「ほの白みゆく山の端」という表現でもわかるように、そこにはすでに夜明け前の薄明が広がっている。しかし列車の客室内は、まだ夜明けではない。さめやらぬ「旅びとのねむり」。光度を失いつつある「つかれたる電燈」。車内にはまだ、夜のしずけさが色濃く漂っている。窓の外にひろがる「夜明け」と客車のなかによどむ「夜」。「指のあと」を冷たく残す車窓を挟んで、窓の外側と内側には微妙にずれた二つの時間が流れる。逃避行中の彼と女性は、そのふたつの時間の狭間で、眠れずにいる……。主人公のそんなあてどない感覚が濃密に漂ってくる導入部だといってよい。

詩はさらに次のようにつづく。

あまたるきにすのにほひも
そこはかとなきはまきたばこの烟さへ
夜汽車にてあれたる舌には侘しきを
いかばかり人妻は身にひきつめて嘆くらむ。
（7～10行）

しずかに眠る乗客の間で、彼は椅子に塗られたニスの甘やかな匂いと、かすかに漂う葉巻の煙の苦い匂いを感じる。しかしながら、彼はそれを鼻で嗅ぐのではない。彼はそれを「あれたる舌」のざらついた感覚のなかで感じとるのだ。嗅覚と味覚とが、彼のけだるさのなかで分かちがたく溶け合いからみあう。先の部分で身のまわりに向けられていた彼の意識は、ここでは眠れないまま座席に座っている自分のけだるさに向けられている。

舌先にざらつくニスと煙草のかすかな味覚。そのかすかな感覚でさえ、逃避行中の彼のわびしさをかき立てるのには充分だ。彼はそのかすかな感覚のなかで自分の身の上を感傷する。が、となりに座る女性は、人妻であるがゆえに、自分などには思いもよらない困難な状況に置かれているのだ。「いかばかり人妻は身にひきつめて嘆くらむ」という主人公の嘆声は、ともに駆け落ちをしながら、ついには、理解しえないものにとどまらざるをえない女性という存在の不可知性・他者性に対する嘆きでもある。

まだ山科《やましな》は過ぎずや
空気まくらの口金《くちがね》をゆるめて
そつと息をぬいてみる女ごころ
ふと二人かなしさに身をすりよせ
しののめちかき汽車の窓より外《そと》をながむれば

ところもしらぬ山里に
さも白く咲きてゐたるをだまきの花。
（11～17行）

この詩の終わりの部分である。「まだ山科は過ぎずや」は、女性の言葉として受け取るべきだろう。女性も彼同様、眠れないまま夜明けを迎えたのだ。口金をゆるめそっと空気枕の空気を抜く。眠れないまま彼女は枕をたたもうとする。彼はその動作のなかに「女ごころ」を初めて見たような気がする。「口金」「息」といった彼女の肉体を連想させる言葉は、自分のものになり得ない人妻を見つめる主人公の切なさの象徴なのだろう。その切なさのなかで、二人はおたがいの体温を確かめるようにそっと身を寄せあうのである。二人が見つめる窓の外には、夜明けの薄明の中におだまきの花が白く咲いている。

このようにこの詩を読みといてゆくと、この詩のなかには、後の『月に吠える』（大6）に直接的に繋がってゆく彼の感覚的な特異性が、すでに完成された形でいきいきと息づいていることに気づく。この詩を読む私たちは、逃避行中の主人公の姿をあざやかに感じとることができる。そのあざやかな印象は、第一義的には「指のあとつめたく（触覚）」「ほの白みゆく山の端（視覚）」「電燈のためいき（聴覚）」「あまたるきにすのにほひ（嗅覚）」「あれたる舌（味覚）」といった鋭い感覚的な表現によるものだろう。が、それらの個々の感覚は、たがいに脈絡なく存在している訳ではない。冒頭の「有明のうすらあかり（視覚）」→「指のあとつめたく（触覚）」、七行め以降の「あまたるきにすのにほひ・はまきたばこの烟（嗅覚）」→「あれたる舌（味覚）」といった部分でもあきらかなように、個々の感覚は、主人公の肉体を結節点として、濃密に重なりあい混じりあっている。私たちがこの詩の背後に強烈に感じとるのは、さまざまな感覚的印象がそこで錯綜し重層する、感覚のつづれおりとしての主人公の肉体なのだ。

　統辞論的にみれば、この詩には各行の末尾には、意味を確定しがたいあいまいな助詞が数多く配置されている。「うすらあかりは」「山の端は」「にすのにほひも」といった係助詞、「しめやかなれども」「ねむりさめやらねば」「侘しきを」といった接続助詞、あるいは「はまきたばこの烟さへ」といった副助詞。このように多用されている助詞群は、「有明のうすらあかり（視覚）→は→つめたく（触覚）」（一・二行）「ほの白みゆく山の端（視覚）→は→しめやか（聴覚）」（三・四行）「はまきたばこの烟（嗅覚）→さへ→あれたる舌（味覚）」（八・九行）というように、各行の視覚・触覚・嗅覚・味覚といった感覚を微妙なかたちで結びつけている。この詩における感覚的なイメージのつながりを根底で支えているのは、実は、このように各行の終わりに、注意ぶかく置かれた助詞の機能である、といってもよい。

　朔太郎はいつどこで、このような助詞に対する繊細な意識を獲得したのだろうか。それは、いうまでもなく、十数年におよぶ短歌制作期においてであった、といえよう。彼が短歌を作りはじめた頃に作った次の二首のなかにも、すでにその意識は息づいている。

湧きぬるもひとたび冷えし胸の血のゆらぎなればか詩はいたいたし　（明36）(2)

夢の国は流もありて花さきて音よき鳥さへ住むと聞けども　（明37）(3)

これらの歌には、過剰なまでの助詞・助動詞の氾濫がある。朔太郎が、与謝野晶子の『みだれ髪』の模倣を通じて育んできたものは、ひとつひとつの言葉のイメージを微妙な形で結びつける「てにをは」（助詞・助動詞）への繊細な意識であった。「みちゆき」において発揮された朔太郎の肉体感覚の表現は、実は、彼が短歌制作を通して修得した統辞技術があってはじめて開花し得たものだったのである。その意味で「みちゆき」の中には彼の短歌的素養が十二分に生かされているといってよいだろう。

しかしながら、私たちはここで新たな問題に直面する。それは、「みちゆき」のなかですでに明白な形で開花している朔太郎の感覚性が、短歌のなかでは、なぜ花開かなかったか、という問題である。それを考えるためには、彼の短歌観を見つめなおしてみなければなるまい。

2

短歌から詩への過渡期を象徴するかのように、「みちゆき」が掲載された「朱欒《ザンボア》」大正二年五月号には、それらの詩と同時に、朔太郎の短歌四首が掲載されている。その中に「みちゆき」と同じモチーフで作られた次のような一首がある。

しののめのまだきに起きて人妻と汽車の窓よりみたるひるがほ　「朱欒」（大２・５）[4]

もちろん形式が違う短歌と詩を一律の基準でのべることはできないにしても、この一首と「みちゆき」とは、その文学的完成度において決定的な差があるように思われる。「みちゆき」のなかにあった肉体感覚のゆらめきのようなものは、この一首からは感じとることができない。それにかわって、この一首から立ちのぼってくるのは、「人妻との恋」という劇の一場面を見るような感覚である。

この短歌が書かれた大正二年春、朔太郎は「エレナ」と呼ばれる人妻との恋愛を体験していた。彼が同時期に編んだ自筆歌集『ソライロノハナ』[5]のなかには、彼女との体験にうらづけられたいくつかの短歌が収められている。

あいりすのにほひぶくろの身にしみて／忘れかねたる夜のあひびき
いかばかり芥子《けし》の花びら指さきに／しみて光るがさびしかるらむ
かくばかりひとづま思ひ遠方の／きやべつ畑の香にしみてなく

が、これらの歌は、朔太郎の独創ではない。これらの歌の背後には、同じ大正二年一月に出版された北原白秋の『桐の花』のなかの次のような歌の影がある。

ふくらなる羽毛襟《ボア》巻のにほひを新らしむ十一月の朝のあひびき
いかばかり麻の畑の青き葉の身には染《し》むらむ人妻の泣く
あまつさへキヤベツかがやく畑遠く郵便脚夫疲れくる見ゆ

朔太郎の短歌が、白秋のこれらの歌から決定的な影響を受けていることはあきらかだ。同時期に作られた「うくらゐん春の夜に鳴くうぐひすか／「哀傷篇」の歌のこころか」（『ソライロノハナ』）という朔太郎の歌からもわかるように、朔太郎は『桐の花』に収録された白秋の「哀傷篇」に深い感銘を受けている。朔太郎の歌の背後には「哀傷篇」のなかに描かれた、有名な白秋の姦通事件の物語が深い影を落としているのである。一首一首の短歌が累積され総合されることによって、歌集のなかに浮かび上がってくる「人妻との恋」という物語。朔太郎がひかれ、自分の短歌に導入しようとしたのは、『桐の花』のなかにあるような「人妻との恋」という物語性だった、といってよい。

一般的にいえば、短歌という形式は、その短さゆえに物語を作るには不適当な形式である。朔太郎短歌で描こうとした「人妻との恋」という物語は、とうてい一首の短歌のなかでは収まりきれるものではない。もし、その物語性を強引に一首のなかに定位させようとするなら、短歌の表現はいきおい概念的なものにならざるを得ないだろう。「しののめの」の一首が、まるで安っぽいメロドラマの一場面のような印象を私たちに与えるのは、そのような原因による。「人妻との恋」という物語をひとつの作品に定位させるには、三十一音よりももっと広大な著述空間が必要となる。

私たちはここに、朔太郎の短歌観の限界を見てとることができそうだ。少なくとも大正二年四月までの朔太郎の短歌は、総じて「明星」系の浪漫派的なうたいぶりを保っている。朔太郎が理想としたのは、たとえば晶子の歌のような、一首のなかに重層的な物語のイメージがたちのぼってくる短歌であった。そのような物語重視の短歌観・定型観のもとでは、彼特有の肉体感覚は犠牲にならざるを得ない。

もちろん、朔太郎の短歌には、後の『月に吠える』の世界を思わせるような特異な感覚性を示す歌がまったくない訳ではない。

くらやみに動くものあり。日はしらで、いたち、もぐらのによべる如く。　（明36）[6]

哀愁の声よりさめて我みしは一つ眼をどる真洞《まほら》やみの世　（明37）[7]

どちらも十代のころの幻想を歌った歌ではあるが、これら初期の歌には、彼特有の感覚的な不安がなまな形で顔を出している。が、その感覚の特異性は、短歌的修練を積むにしたがってしだいに抹消されていった。

「みちゆき」のなかで明白になる朔太郎生来の特異な肉体感覚は、彼の浪漫主義的な短歌観のもとでは抑圧されてしまっていた。それが十全なかたちで開花したのは、朔太郎が短歌より広大な物語の叙述空間をもとめて選択した自由詩という形式においてであった。一首の短歌内にはおさまらない「人妻との恋」という物語。その物語を描くために朔太郎が選択した自由詩というよりひろい叙述空間。当初、物語を描こうとして選択したはずの自由詩のなかで、彼は自分の感覚の特異性に気づき、それをみずからの詩の主題にしてゆく。その意味で、大正二年春は朔太郎にとって、きわめてエポックメイキングな時期だったといえよう。

しかしながら、朔太郎はすぐに短歌を捨てた訳ではなかった。彼の習作ノートを見ると、彼は大正二年の十一月頃までは自由詩と並んで短歌を制作し続けていたことがわかる。興味深いのは、自由詩と並行して書かれたその半年間の短歌が、それ以前の朔太郎の短歌にはない自在さを持っている、という事実である。たとえば、大正二年十月に発表された「秋思」(8)には次のような歌がある。

指さきに吸ひつく魚《うを》のこころよりつめたく秋は流れそめたり
透間よりのぞきしに秋ははや遠くかげなき麓を行き渡りけり　（大2）

これらの歌では、「みちゆき」のなかに顔を出していた、どこかひんやりとした朔太郎の肉体の感覚が、定型の表現のなかに無理なく定着させられている。ここには、物語を持ち込もうとしていた以前の短歌にはない、肉体感覚ののびやかな開放がある。

また、彼の習作ノートには、同年七月頃の制作とおぼしい「林檎の核」(9)と題された次のような歌が記されている。

ほの暗きこの部屋の隅に坐るは我なり

いたく哀しみて死を思ふありさま
かくまでにわが魂《たましひ》をみつめたる
無気味さよ、無気味さよ
真昼なり

かたくななまでに流麗な歌の調べを守ろうとしていた以前の歌とは違って、これらの歌には大胆な破調が用いられている。そして、その破調は、切迫した自己凝視を歌ったこの短歌の内容と密接なかたちで結びついている。

きわめて皮肉なことに、朔太郎が短歌を捨てる直前に作られたこれらの歌群は、彼の短歌作品のなかでもっとも輝かしい光を放っているように見える。みずからの肉体感覚をのびやかに表現するために、あえて流麗な歌の調べを活用した「秋思」の歌。また、それとは対照的に、切迫した自己凝視を表現するために、流麗な歌の調べをあえて破壊した「林檎の核」の歌。これらの歌には、表現にそって定型を自由に使い分けようとするきわめてフレキシブルな定型意識がある。それは、硬直した短歌観のもとで、短歌のみを作っていた頃の朔太郎にはなかった意識であろう。朔太郎は自由詩というもう一つの形式を手にいれることによって、短歌という形式を相対化し、定型というものに対してより自在なスタンスをとり得るようになったのではないか。自由詩というアルタナティーブな形式の獲得は、朔太郎の狭隘な定型意識を大きく開放したのである。
　朔太郎が獲得した自在な定型意識は、その後の朔太郎の詩にも大きな影響を与えているだろう。たとえば、大正三年に作られた「天景」という詩では、それがもっとも美しいかたちで息づいている。

しづかにきしれ四輪馬車、
ほのかに海はあかるみて、
麦は遠きにながれたり、
しづかにきしれ四輪馬車。
光る魚鳥の天景を、
また窓青き建築を、
しづかにきしれ四輪馬車。

（『月に吠える』所収(10)）

すでに自由な音数律で詩を作っていたはずの朔太郎が、ここではあえて厳密な七五調の音数律を守って詩を作っている。が、この詩には、生気のない七五調で書かれた旧来の新体詩のような堅苦しさはまったくない。この詩において、七五調は「しづかにきしれ四輪馬車」というサ行音中心のリフレインを効果的に引き出し、流れるようなイメージの展開を作りだすために利用されている。イメージの展開のために流麗な七五調をあえて利用する。それは、短歌と自由詩を並行して作ることによって、朔太郎が獲得した新たな方法だったはずだ。

自由詩というもうひとつの形式を獲得することによって、短歌形式を相対化し、定型に対して自在なスタンスをとりうるようになった朔太郎の歩み。それは、単に彼の個人的な問題ではなく、新ジャンルとして成立した自由詩に真向かって、みずからの定型を相対化しようとした近代短歌の歩みとパラレルな関係にある。詩と短歌の間で揺れうごいた朔太郎の問題は、そのまま日本の近代における韻文の問題でもあったのだ。

注

（1）萩原朔太郎「みちゆき」「朱欒」（大2・5）。のちに「夜汽車」と改題されて『純情小曲集』（大14）に収録される。ここでは、詩集に収録された形で掲載した。『萩原朔太郎全集』第2巻（昭51、筑摩書房）一一二頁。

（2）『萩原朔太郎全集』第3巻（昭51、筑摩書房）五四四頁。初出は「明星」（明36・11）。

（3）同右書、五五三頁〜五五四頁。初出は「明星」（明37・6）。

（4）同右書、五七六頁。「朱欒」（大2・5）。
（5）『萩原朔太郎全集』第15巻（昭53、筑摩書房）所収。
（6）『萩原朔太郎全集』第3巻（昭52、筑摩書房）五四八頁。初出は「文庫」（明36・12）。
（7）同右書、五五〇頁。初出は「坂東太郎」（明37・3）。
（8）同右書、五八一頁。初出は「上毛新聞」（大2・10・10）。
（9）『萩原朔太郎全集』第2巻（昭51、筑摩書房）四二六頁。
（10）『萩原朔太郎全集』第1巻（昭50、筑摩書房）三七頁。

調べから韻律へ

――正岡子規におけるリアリズム的言語観の成立

1

私たちは「韻律」という言葉をどのように理解しているのだろうか。

広辞苑で「韻律」の項を引くと、「詩の音声的な形式。音声の長・短・子音・母音またはアクセントの排列の仕方によってあらわすものと、和歌・俳句のように音数の形式からなるものとある」と説明されている。韻律とは「詩の音声的な形式」である、とするこの定義は、私たちが「韻律」という言葉に対して抱く最大公約数的なイメージをあらわしている。たしかに私たちは、詩のことばの「意味内容」とは別の、ことばの「音声」そのものを「韻律」という用語で指し示し、理解しているようだ。

しかしながら、ことばの音声的な側面を指す用語はなにも「韻律」だけではない。古来、和歌や俳句の世界では、それはおもに「調べ」という用語でもって指し示されていた。藤平春男によれば「調べ」は、本来音楽用語であり、それが歌論用語として使用されてきたのは近世以後のことであったという。[1] その「調べ」を自覚的な形で自らの歌論の中心に据えたのは桂園派の祖である江戸時代後期の歌人・香川景樹（一七七八〜一八四三）であった。

歌はおもふまゝをばのぶるものに侍れど、ありのまゝをいふものにはあらず。又我言に歌はことわるものにあらず、しらぶる物なりと申し候。調と申すは音調のことにて、さるはうるはしくうづ高くある事にて、かりにも賤しきしらべを交へぬが此道の稽古に候よし承り候。されば一首のうへも精心を入れて、うるはしく調べたつる事に候。（中略）たゞうるはしくきれいにしたて給ふべし。

（香川景樹「丸山辰政が詠草に」『桂園遺文』[2]）

「歌はことわるものにあらず、しらぶる物なり」という彼の言葉は、「調べ」こそが歌を成立させる根本条件である、という彼の和歌観を端的に示している。そして、「調と申すは音調のこと」という表現からわかるように、彼においても「調べ」は、たしかに第一義的には「音調」と定義されてはいる。

しかしながら、彼のいう「調べ」は単にことばの「音調」だけを言ったものではない。それは一首が「うるはしくうづ高くある事」と同義であり、一首を「きれいにしたて」るところから生まれてくるものである。したがって、景樹は次のような言葉を門弟たちに残してもいる。

さてその（注・調べの）上品ならんは、ことわりを専らとせず、詞の運びつゞけがらを第一とするに候

（香川景樹『随聞随記』[3]）

ここにおいて彼は、「調べ」の上品さが「詞の運びつゞけがら」から生まれることを主張している。景樹にとって「調べ」とは、「詞の運びつゞけがら」にかかわる概念[4]、すなわち和歌のことばの統辞にかかわる概念でもあった。

このような景樹の「調べ」観は、歴史的に見れば、たとえば「歌は只だ同じ詞なれど続けがら言ひがらにて善くも悪しくも聞ゆるなり」（鴨長明『無名抄』）といった伝統的な中世歌論の考え方の影響下にあるものだ。それ自体無色透明な「詞」（自立語）を「てにをは」によってどのようにうるわしく接続するかという問題は、伝統的な歌論のなかで何度も主題的に考察されてきた問題である。景樹の「調べ」の論は、そのような中世以来の「詞」の「続けがら」という統辞論的な問題を、ことばの音声的側面に即して考察しようとした論であったといってよい。

しかしながら、彼のいう「調べ」は統辞論的な概念だけにはとどまらない。

郭公はほと丶ぎすらしく、築山はつきやまらしく、人はひとらしく、犬はいぬらしく、何の上にも、其語調自然とあらんこと、常の談話にも大やう違はぬことに候へば、また合点すれば易き筋に候

（香川景樹『随所師説』[5]）

調といふは、急《せは》しきものにはせはしきが調の整ひたるなり、緩《ゆる》きものにはゆるきが調の整ひたるなり、由りて物につき好き調に定まれる格なし

（香川景樹・同右[6]）

この部分には、景樹が、「調べ」と「もの」の関係をどうとらえていたか、がはっきりと現れていよう。郭公・築山・人・犬といった「もの」は、それぞれ独自の「調べ」を持つという、このような景樹の発言の背後には「韻調《しらべ》は天地に根ざして、古今を貫き、四海にわたりて、異類を統ぶるのもの」（『古今序正義総論』[7]）という「汎調べ主義」ともいうべき、形而上学的な思想がある。それぞれの「もの」が「調べ」をもち、その「調べ」は、「もの」を指し示す「郭公」「築山」「人」「犬」という単語そのもののなかにも分有されている。「調べ」は、言葉の背後にある客観的な事物の存在の背後によこたわる概念として考えられているのである。ここにおいて「調べ」は、「詞の運びつゞけがら」という統辞論・言語論的なレベルにとどまる概念

ではなく、より深い存在論的なレベルにまで達している概念として使用されているといってよい。

このような香川景樹の統辞論的・存在論的な「調べ」の説の影響は、明治に入っても決して衰えることはなかった。景樹をその祖とする桂園派は明治歌壇の一大勢力になってゆく。それと同時に、景樹のこの「調べ」の説は明治の和歌の世界を席巻するに至った。桂園派の歌人であった伊藤並根という人物と交際することから歌作を始め、景樹の弟子である八田知紀の歌論から大きな影響をうけた伊藤左千夫も、このような時代風潮の影響を強く受けたひとりだった。(8)

2

明治三十一年二月十日、伊藤左千夫は伊藤春園の名で、新聞「日本」紙上に「非新自讃歌論」を発表した。その文章は、その数日前、おなじく「日本」に掲載された「新自讃歌」をはげしい口調で批判したものだった。「日本」の編集部はこの批判に黙ってはいなかった。編集部は、この左千夫の投書への反論を駿台小隠の名で「日本」紙上に掲載する。それを見た左千夫は再度「小隠子にこたふ」という投書を執筆し、すぐさま「日本」に寄稿する。明治三十一年の初頭に「日本」紙上で行われたこの論争は、時あたかも「歌よみに与ふる書」を連載中だった正岡子規をもまきこんだ論争に発展していった。

この論争で左千夫が一貫して強調したのは、和歌における「調べ」の重要性である。「日本」に掲載された最初の投書「非新自讃歌論」で、彼はすでにみずからの「調べ」観を次のように披瀝している。

かれ歌てふもの今古の歌聖が教へのごと調をもとゝして心の匂をあらはす者ぞ　されば心のみはいかにうつくしくいかにみやびなりとも調のとゝのはぬはいまだ歌とは云ひがたきなりまして心も調もいやしげなるをいかで歌とはいふべき　(中略)歌の俳句にことなる所は心の外に調をおもむずるにあなり　去ば歌にして調なきはこれ直に俳句なり　文字の長し短をもて歌俳を分つは歌俳をしらざる人の上にこそ　歌は心と調と両ながらまたきを要するぞかし　これ和歌の俳句よりかたきゆゑよしにして和歌の俳句よりたふときゆゑよしなり

(伊藤左千夫「非新自讃歌論(9)」)

ここで左千夫は、「心」がいかに美しくとも「調べ」をともなわなければ歌ではない、と主張する。彼にとっては「調べ」こそが歌の第一義的な要素であり「調べ」の存在ゆえに和歌は俳句よりも尊い文学なのである。ここにおいて左千夫は、いかにも桂園派の影響を受けた歌人らしく、みやびな「調べ」を持つ古今和歌集の「歌聖」を愚直なまでに信奉している、といってよいだろう。

さらに左千夫は、二回目の投書である「小隠子にこたふ」のなかでも「意匠即調べ」という言葉を使って、みずからの「調べ」観をより詳細な形であきらかにしている。

夫れ詩の上に於て調と称する者は一句の上に就ての意味にあらず　句句を連接するなる即一詩を組成する技量よりあらはるゝ結果を名づくるの意味なり　只形など、云ふ様なる単純不動的なる語言にあらざるなり　故に調の足らざるは句としては卑しからぬも歌としては卑しくなれるなり（中略）抑調即しらべなるものは先にも云へるが如く名詞的不働の語言に有らず　調なるものは即世界の総べての事物を塩梅調和して詩となす所以の根本薬なり　此調なる神薬の配剤宜を得ば通常平凡の心詞も以て詩と為すことを得べし俗言俗事も以て詩と為すことを得べし

（伊藤左千夫「小隠子にこたふ」[10]）

「調べ」を「神薬の配剤」に譬えているところからも分かるように、左千夫の論には「調べ」に対する合理的な分析が欠けている。が、ここで彼が言おうとしていることを忖度すれば、左千夫のいう「調べ」とは「名詞的不働の語言」、すなわち、単語や句の意味内容といった実体的なものではない。それ自体では美しさを持たない「通常平凡の心詞」を連接することによっ

て、おのずから生まれてくる調和的な統一感。あえていうなら左千夫は、和歌の文体から醸し出されるそんな調和性を「調べ」という名で呼んでいるようだ。

左千夫は「日本新聞に寄せて歌の定義を論ず」[11]という別の投書のなかで、「調の働即言葉の使様」という発言を行っている。その言葉から分かるのは、彼が「調べのはたらき」を言葉の使い様や言葉の続け具合として考えているということである。左千夫がいう「調べ」とは、言葉の使い方や続け方によって、ことばの意味と音声とが調和的な統一感を生み出すことだったといえる。助辞中心の和歌的文体がもつ強力な連辞機能を最大限に発揮すること。それを実現した歌こそが、彼の理想である「調べの徹った歌」にほかならない。

しかしながら、彼のいう「調べ」とは単に統辞論的な概念を指し示すのみの用語ではない。それはまた同時に「世界の総べての事物を塩梅調和」する力を持っている。ちょうど香川景樹の「調べ」という用語が存在論的な背景をもっていたのと同じような意味で、左千夫のいう「調べ」もまた存在論的な背景をもっているのである。その意味で、左千夫の「調べ」観は、左千夫が当時慣れ親しんでいた桂園派的な「調べ」観をそのまま継承したものであった、ということができる。

俳句と和歌の同一性を説く子規が、このような桂園派的な「調べ」観に同意できなかったのはいうまでもない。子規は、このような統辞論的・存在論的な「調べ」の概念をきっぱりと否定してゆく。「歌よみに与ふる書」のあとに掲載した「人々に答ふ」のなかで、子規は以下のように「意匠即調べ」という左千夫の主張を厳しく批判する。

調といふ語は古来種々の意義に用ゐ来れりといへども、意匠《いしょう》といふ語と同じ意義に用ゐたる例はあるまじ。調はむしろ意匠に関係なき音調をいふが適当なり。その音調といふ事が、縦《よ》し意匠といくばくかの関係ありとするも、そは意匠の極小部分との関係なるべく、決して意匠即調といふを得ず。

（正岡子規「人々に答ふ」(12)）

私たちはここに、彼のきわめて合理的な「調べ」観を読み取ることができる。彼は「調べ」を端的に「意匠に関係なき音調」と定義する。この定義によって「調べ」は、単語・句の意味や連辞のありかた、さらには事物の存在とは何の関係もない「音調」として、科学的見地から検証されうるものになるだろう。子規は「調べ」というものを、ことばの音声的側面を指し示す概念としてのみ使用することによって、和歌のことばの音声（「調べ」）と、意味性（「意匠・趣向」）をきっぱりと峻別しようとしている。それはまさしく、「意匠即調べ」「調の働き即言葉の使様」という左千夫の考え方と対照的な位置にある「調べ」観である。子規は「調べ」という歌論用語を、現在の私たちが理解している「韻律」の概念とほぼ同様の意味で使用しているといってよいだろう。

しかしながら、子規はなぜ「調べ」と「意匠・趣向」とをここまで明確に区別しなければならなかったのか。その両者は、彼の意識のなかではどのように関係づけられていたのだろうか。それを確かめるには、彼の和歌改革が結局のところ何を目指していたか、という問題をまずもってあきらかにしておかなければならない。

3

「日本」紙上で左千夫との論争が行われる四年前、子規は「文学漫言」という評論を書いている。そのなかですでに子規は「和歌程意匠に乏しき者あらず」といい「和歌の言語に俳句の意匠を用ゐる」必要性を述べている[13]。和歌の改革を意図した子規が、その初期から批判の的にしたのは、旧派和歌におけるこのような「意匠・趣向」の乏しさであった。「和歌の腐敗」の原因となっている変化に乏しい「趣向」をどのように多様化するか、そこに子規の和歌改革の基本的なモチーフがあったといえる。

そのことを念頭に置くとき、左千夫の一回目の投書である「非新自讃歌論」に反論した、子規の「三たび歌よみに与ふる書」という文章は、「調べ」と「意匠・趣向」の関係に関する重要な示唆を含んでいると思われる。

調にはなだらかなる調も有之、迫りたる調も有之候。平和な長閑《のどか》な様を歌ふにはなだらかなる長き調を用うべく、悲哀とか慷慨《こうがい》とかにて情の迫りたる時、または天然にても人事にても、景象《けいしょう》の活動甚しく変化の急なる時、これを歌ふには迫りたる短き調を用うべきは論ずるまでもなく候。しかるに歌よみは、調は総《すべ》てなだらかなる者とのみ心得候と相見え候。

（正岡子規「三たび歌よみに与ふる書(14)」）

和歌には「なだらかなる調」もあれば、「迫りたる調」もある。そのような「調べ」の多様な選択肢のなかで、「平和な長閑な様」を歌う場合には「なだらかなる長き調」を使用し、「情の迫りたる時」には「迫りたる短き調」を使用する。ここで子規は、歌うべき対象や意味内容を効果的な形で読者に伝えるために、それにふさわしい「調べ」を、ケース・バイ・ケースで選択すべきであることを主張している。子規は、物理学的音声として析出した「調べ」を、対象の意味内容（「趣向」）をより効果的に伝達するための手段として利用しようとしている、といってもよいだろう。子規において「調べ」は、神秘的なベールをはぎ取られ、「意匠・趣向」（意味性）を伝達するための単なる手段として考えられているのである。

同じ姿勢は、次のような文章のなかにも見ることができる。

調と趣向と相適合するを要すること前にも言へり。其一例として時間を現すべき場合には文字の長さ（調）と時間の長さ（趣向）と略《ほぼ》一致せざるべからず。

足引の山鳥の尾のしだり尾のなか〳〵し夜をひとりかも寐む　人麿

といふ歌の枕詞やうの句を長く置きたるは夜の長きことを現すに適せるなり。文字単調にして長き故に夜も亦単調にして長きやうに感ぜらる。

（正岡子規「曝背閒話」(15)）

確かに、ここで子規は「調と趣向と相適合する」必要性を述べてはいる。しかしながら、この主張は「調べ」と「意匠」を無差別なままに同一視した左千夫の「意匠即調べ」の主張とはあきらかに違っている。彼はここで、ことばの音声（「調べ」）と意味性（「趣向」）を厳密に峻別し、その前提の上で、「足引の山鳥の尾のしだり尾の」という序詞の音声的な長さが「夜の長きこと」という意味性を効果的に強調している点を評価しているのである。私たちはここにも「意匠・趣向」を効果的に表現する手段として「調べ」を利用しようとする、子規の態度を見てとることができる。

このように考えてゆくと、子規の関心は「調べ」よりもむしろ「意匠・趣向」の方により強く向けられていることが分かる。なだらかで単調な和歌の「調べ」を多様化し、それを手段として利用することによって、変化に乏しい和歌の「趣向」を多様化させる。子規はそのような戦略のもとに、「調べ」を物理学的な音声として析出し、「意匠・趣向」から峻別しようとしたのだ、といってもよいだろう。いいかえるなら子規は、ことばの意味性と音声を区別したうえで、ひそかに意味性の方に優位性を与えていたのである。「意匠・趣向」の「調べ」に対する潜在的な優位。そのような子規の「調べ」に対する考え方は、桂園派的な「調べ」観を根底から覆す決定的に新しい近代的言語観だった。

このような子規の言語観は、左千夫との論争時に書かれた「十たび歌よみに与ふる書」のなかでより明白な形であらわれている。その文章のなかで子規は、伝統的な歌語である「深見草」と俗語である「牡丹」を比較して次のようにいう。

牡丹《ぼたん》と深見草《ふかみぐさ》との区別を申さんに、生らには深見草といふよりも牡丹といふ方が牡丹の幻影早く著《いちじる》く現れ申候。かつ「ぼたん」といふ音の方が強くして、実際の牡丹の花の大きく凛《りん》としたる所に善く副《そ》ひ申候。故に客観的に牡丹の美を現さんとすれば、牡丹と詠むが善き場合多かるべく候。

（正岡子規「十たび歌よみに与ふる書」(16)）

子規が俗語である「牡丹」を採用しようとするのは、それが美しい「調べ」をもっているからではない。子規が「牡丹」を採用しようとするのは、「ぼたん」という音声が「ふかみぐさ」という音声よりも、より明晰に「牡丹の幻影」を喚起するからである。ここにおいて子規は、その音声がどれだけ明晰に「幻影」を現出させるか、という観点からことばを選択しようとしている、といえる。私たちはここに、「調べ」を物理学的音声として析出し、それを手段として利用することによって、ことばが醸し出す映像性を最大限に引き出そうとした、子規の戦略をはっきりと見てとることができるだろう。

別なところで(17)くわしく述べたように、桂園派が歌壇を席巻していた明治二十年代はまた、活版印刷が一般的となり、活字メディアが普及した時代でもあった。それは桂園派的な「調べ」が幅を効かすと同時に、活字がもつ圧倒的な映像喚起力・意味喚起力によって、読者の歌の〈読み〉が「趣向」中心のものに変化し、従来の「調べ」中心の歌の〈読み〉がすたれつつあった時代でもある。「調べ」の消失という危機的状態のなかで和歌は、新たに登場した活字メディアにどう対応すればよいか、という切実な課題に直面していたといえる。自覚的な歌人たちは、活字が持つ映像喚起力をみずからのうちに取り込んだ、新たな和歌の文体を模索せざるを得ない状況に追い込まれていたのである。

子規という人物は、滅びゆく「調べ」への愛着を終生断ち切ることができなかった左千夫とはちがって、この新たな時代状況に的確に対応することのできた合理主義者であった。桂園派的な「意匠即調べ」という「調べ」観を否定し、「調べ」を単なる物理学的音声として析出し、それを言語の意味性・映像性を発揮するための手段として利用する。一首の歌のなかに明晰な意味性や映像性をもたらしたこのような子規の「調べ」観の背後には、このような時代の変化を鋭敏に嗅ぎ取り、活字のもつ映像喚起力を意識的に利用しようとした、子規の直観的な時代認識があったのかもしれない。

明治三十一年初頭の左千夫との「調べ」論争を通じて子規が獲得したもの。それは、以上見てきたように、桂園派的な「調べ」観の限界を正確に見きわめたところに生まれた言語観であり、「写生」という短歌的リアリズムの概念を根本で保証した言語観だった。子規を源流とする近代短歌は、神秘的な「調べ」の魔力から豁然と覚醒したこのようなリアリズム的言語観を獲得することによって、その第一歩を踏み出していったのである。

注

（1）日本古典文学全集・第50巻『歌論集』（昭50、小学館）六一八頁。

（2）佐佐木信綱編『日本歌学大系』第8巻（昭31、風間書房）二四四頁。

（3）大西祝「香川景樹翁の歌論」『大西博士全集』第7巻（明37）。小泉苳三編『明治歌論資料集成』（昭15、立命館出版局）二四八頁より引用。

（4）佐佐木信綱『日本歌学史』（『佐佐木信綱全集』第10巻・昭24、六興出版社）。二四八頁にも同様の見解が述べられている。
（5）大西祝前掲論文。小泉苳三編『明治歌論資料集成』二四六頁より引用。
（6）同右書、二四六頁より引用。
（7）同右書、二五〇頁。
（8）伊藤左千夫「日本新聞に寄せて歌の定議を論ず」（明31）のなかに、彼が八田知紀の『調の直路』を読み感銘を受けたことが記されている。『左千夫全集』第5巻（昭52、岩波書店）一九頁。
（9）伊藤左千夫「非新自讃歌論」『左千夫全集』第5巻（昭52、岩波書店）四頁。
（10）同右書、八頁〜九頁。
（11）伊藤左千夫「日本新聞に寄せて歌の定議を論ず」『左千夫全集』第5巻、一九頁。
（12）正岡子規「人々に答ふ」岩波文庫『歌よみに与ふる書』（昭58改版、岩波書店）八三頁。
（13）正岡子規「文学漫言」『子規全集』第14巻（昭51、講談社）一〇二頁。
（14）正岡子規「三たび歌よみに与ふる書」岩波文庫『歌よみに与ふる書』一三頁〜一四頁。
（15）正岡子規「曝背間話」『韻文学』（明31）、『子規全集』第5巻（昭51、講談社）二一一頁。
（16）正岡子規「十たび歌よみに与ふる書」岩波文庫『歌よみに与ふる書』四四頁。
（17）大辻隆弘「活字メディアの成立と近代短歌」（本評論集所収）。

正岡子規の二面性

岩波文庫版の『墨汁一滴』を読んでいるとどきっ、とさせられる所がある。

碧梧桐いふ、

山吹やいくら折っても同じ枝　子規
山吹や何がさはつて散りはじめ　同

の二句は月並調にあらずやと。かういふ主観的の句を月並調とするならば

鶴の巣や場所もあらうに穢多の家　子規

なども無論月並調の部に入れらるるならん。

（正岡子規『墨汁一滴』[1]）

この箇所には編集部による以下のような注記がついている。

「鶴の巣や……」の句は、差別用語を用いているのみならず、著しい部落差別の意識を前提として成立している。明治三十年代における作者・子規自身およびその時代の差別意識の根深さを現わすものであるとみなければならない。(2)

僕たちが今日的な目で子規の書いたものを見るとき、僕たちは子規の著述のなかにこのほかにもさまざまな差別的な表現を見いだすことができる。彼の短歌には「賤《しづ》」という表現が頻出する。富豪の息子と蛇遣いの少女の悲恋を描いた彼の小説「曼珠沙華」(3)には、「非人」に対する子規自身の差別意識の存在を指摘せざるを得ない描写が頻出する。『病牀六尺』第十七回の「甲州の吉田から二、三里遠く這入つた処」にある小村の記述(4)には、「この村には癩病は多い」「他の村と結婚などはしなかつた」などといった明らかに部落差別だと思われる表現がある。そんなふうに見てゆくと、「鶴の巣」の句のなかに現れた子規の差別意識は、偶発的なものではなく、あきらかに子規自身の本質的な部分にある意識だったと言える。

松山藩士の子として生まれた子規が部落差別の意識をもった人物であったこと。そのことは別段驚くに足りないことなのかもしれない。しかしその一方で、僕たちは子規の先のような俳句に、異様な衝撃を受けることも確かなのだ。それは、おそらく僕たちが日頃、彼の次のような発言に親しんでいるからだろう。

歌は平等無差別なり、歌の上に老少も貴賤も無之候。歌よまんとする少年あらば老人抔にかまはず勝手に歌を詠むが善かるべくと御伝言可被下候。（正岡子規「十たび歌よみに与ふる書」(5)）

吾等は和歌俳句の堂上に行はるゝを望まず、和歌俳句の俗間にて作らるゝを望まず。和歌俳句は長く文学者の間に作られん事を望むなり。（正岡子規「人々に答ふ」(6)）

僕は「ノベンタ」第四号（平4・4）のなかで、子規の文体改革の根本を突き動かした要因として、これらの発言をとりあげ、そこには「四民平等」という「擬制的な社会的平等の理念」があったことを指摘した。その理念はおそらく「人間は宇宙間に或る一種の調和を得て生り出でたる若干元素のかたまりなり。元は同じ酸素炭素等なれども生り出でし時の情況に因りて権兵衛ともなれば太閤様ともなり乞食ともなれば大将ともなる」（「養痾雑記」(7)）といった彼自身の一種唯物論的な人間観によって強固に裏づけられている、といってよい。

このような徹底した平等観と、被差別民に対する封建主義的な差別意識。今日的な目から見るとき、それは子規の内面の相矛盾する二面性である、という事ができるだろう。その二面性はまた、松山藩士の子である、という子規の「私的」な出立と、天皇を前にした平等主義を標榜する新聞「日本」の社員である、という子規の「公的」な社会的地位がもたらす二面性でもある。さらにいえば、それは子規の内面における、封建主義的な社会理念と近代主義的な社会理念の対立＝日本的なものと西洋的なものの対立である、ということもできそうだ。

しかしながら、子規の場合、話はそう簡単に割り切れるのだろうか。「私的なもの＝封建主義的なもの＝日本的なもの」と「公的なもの＝近代主義的なもの＝西洋的なもの」という二面性は、子規においてどのようなものとして自覚されていたのだろうか。

「ノベンタ」第四号のなかで、小塩卓哉は子規の「はがき歌」における待遇表現の使用について述べている。(8) 小塩は「十四日お昼すぎより歌をよみにわたくし内へおいでくだされ」といった「はがき歌」における待遇表現の使用を、子規の「他者意識の表れ」としてとらえている。そして、その表現によって支えられた「挨拶性」を「近代的自我の発露の場」として解釈するのである。

子規は歌のなかに階級性に裏づけられた待遇表現を持ち込もうとした、という内容を持つ小塩の論は、子規は歌の文体から階級的な関係性を排除しようとした、とする僕の論(9)と明らかに対立しているように見える。その違いは、あるいは、小塩が子規の実作を対象としているのに対し、僕の論は主に子規の理論を対象としている、という目のつけどころの差として考えることができるのかもしれない。

しかしながら、ここで僕たちが確認しておかなければならないのは、子規という人間がこのような相反する読みを許すような錯綜した個性であったということだ。

階級的な関係性を積極的に導入した彼の実作と、それを歌の文体から排除しようとした彼の理論との差。それは極言すれば、先に述べた「封建主義的なもの」と「近代主義的なもの」という彼の二面性に起因する、といってよい。はがきに「かしこしや賤が伏家の内裏雛御酒奉る餅たてまつる」と書きながら、新聞「日本」には平気な顔で「歌は平等無差別」と書く……。比喩的にいえば子規はそんな男だったのだ。

つまるところ、子規は自分のなかにある二面性の矛盾に気づくことができない健全さを持っていた。〈公〉と〈私〉の二面性は、承知のように彼より十数年長く生きた漱石においては、自らの内の矛盾として自覚され、彼を苦しめてゆくのだが、子規の著述には漱石のような懊悩はいささかも見いだすことができない。

子規が活躍した時代。それは日清戦争から日露戦争に至る谷間の十年である。日露戦争後の「不機嫌の時代」（山崎正和）[10]を知らないまま彼は逝く。〈公〉と〈私〉が、「日本」と「西洋」が、いまだ矛盾として自覚されていない幸福な（？）時代。彼が生きたのはそんな健全で錯綜した「日本的近代」の黎明だった。

注

（1）岩波文庫『墨汁一滴』（昭59改版、岩波書店）一〇〇頁。
（2）同右書、一七一頁。
（3）『子規全集』第13巻（昭50、講談社）二九七頁～三四五頁。
（4）岩波文庫『病牀六尺』（昭59改版、岩波書店）三七頁～三九頁。
（5）正岡子規「十たび歌よみに与ふる書」『子規全集』第7巻（昭50、講談社）四九頁。
（6）正岡子規「人々に答ふ」。同右書、八〇頁。
（7）正岡子規「養痾雑記」『子規全集』第12巻（昭50、講談社）一〇二頁。
（8）小塩卓哉「子規短歌の特色―はがき歌と万葉集巻十六をめぐって―」「ノベンタ」第4号（平4・4）。小塩卓哉『新定型論』（平6、短歌研究社）一三〇頁～一四五頁。
（9）大辻隆弘「私というパラダイム」（本評論集所収）。
（10）山崎正和『不機嫌の時代』（昭61、講談社学術文庫）。

Ⅲ

私《わたくし》像の時代

1

僕たちが歌集を読むとき、僕たちはその歌集のなかに、ある人物の姿を見たような気持ちになります。そしてその人物の行動や思想や感情をその歌集の中から読み取ろうとします。よかれあしかれ、僕たちは歌集をそのように、その背後に誰か一人の人物の姿を見ながら読んでゆく。そのとき僕たちは、どのように、その人物の姿を僕たちの頭の中で作り上げるのか。そのことを考えてみようと思います。

とりあえずその人物の姿をここでは「私《わたくし》像」と呼んでおきます。手始めにその私像に対して僕たちが感じている印象を以下の三点にまとめてみました。

(1)、私像は、一首の歌を読んだとき頭に浮かぶぼんやりとした人物のイメージである。（さ

しあたりの定義)

さしあたり、私像というものを定義してみました。ここでは「一冊の歌集を読んだとき」と言わずに、「一首の歌を読んだとき」と言っておくことにします。一首一首の歌を読んだときに浮かんだ人物のイメージの総体が、歌集一冊における私像であるととりあえずは考えておきます。

(2)、私像は、純粋に読者の方から見た概念である。(読者論的概念)

これは、けっこう大事な規定だと思います。現代短歌における「私」の問題は、常に作者の方から、作る側の方から語られ考えられてきました。しかし、ここで僕が考えようとしているのは、そういった作る側の「私」の問題(それは、従来「私性」と言われてきたのですが)ではありません。ここで僕は、短歌における「私」の問題を、読者の方から、読み手の方から考えようと思います。それは、一方では、危険な限定でしょうが、一方で、これによって問題を整理することができると思います。ここで「私性」という用語を使わず、私像という聞き慣れない用語を使うのには、そういう意図があると思ってください。私像とは、読者の問題を考えるときに使われる概念・読者論的な概念なのです。

(3)、私像は、短歌定型の基本的な構造が生み出す人物のイメージである。

短歌における「私」の問題は、つねに五七五七七という短歌定型の問題とパラレルなかたちで論じられてきました。その一例として、現代短歌の「私性」論の定番とも言える岡井隆の論考に、次のような文章があります。

短歌における〈私性〉というのは、作品の背後に一人の人の——そう、ただ一人だけの人の顔が見えるということです。

（岡井隆『現代短歌入門』(1)）

ここで、岡井が言っているのは、短歌が自分の（作者の）個人的な感情を述べる「一人称の文学」だ、ということではまったくありません。岡井がここでいっているのは、そういった作り手がわの問題ではなく、言葉が短歌の枠組み・構造のなかに嵌め込まれたとき、それは読み手の心にどのような効果を与えるのか、という読み手の側の問題でしょう。だから、岡井のいう〈私性〉とは、むしろ、ここでいう私像のことだと言えます。この文章の中で岡井は「私」

の問題をかなり構造論的にとらえているのです。岡井の論によれば、短歌の構造は、本質的に一人の人物の像をその背後に現出させる機能を持っている、ということになります。

以上、さしあたり私像というものを規定してみました。私像とは一首一首の歌の短歌定型が生み出す人物のイメージを、純粋に読者の方から見た場合のものである、と言うことができると思います。

2

さきほど僕は、短歌の構造が本質的に私像を現出させる構造を持っている、といいました。しかし、ほんとうにそう言い切れるのでしょうか。「短歌の構造が本質的に……」。この「本質的」というのが、くせものです。

結論から言うと、私像は、短歌の本質的な構造が生み出したものではなく、一つの〈読み〉によって生み出されたものだと思われます。それも、かなり最近になってから、近代といわれる時代になってから生まれた〈読み〉によって生み出されたものだと思います。つまり、私像とは、近代が生み出した〈読み〉のパラダイム（枠組み）なのです。

そのことを象徴的にあらわした文章が正岡子規が明治三十五年に書いた『病牀六尺』という随筆の中にあります。

左千夫《さちお》いふ柿本人麻呂《かきのもとのひとまろ》は必ず肥えたる人にてありしならむ。その歌の大きくして逼《せま》らぬ処を見るに決して神経的痩《や》せギスの作とは思はれずと。節《たかし》いふ余は人麻呂は必ず痩せたる人にてありしならむと思ふ。その歌の悲壮なるを見て知るべしと。けだし左千夫は肥えたる人にして節は痩せたる人なり。他人のことも善き事は自分の身に引き比べて同じやうに思ひなすこと人の常なりと覚ゆ。

（正岡子規『病牀六尺』(2)）

面白い話だと思います。病床の正岡子規のもとに愛弟子の伊藤左千夫と長塚節が訪ねてくる。そこで、二人は柿本人麻呂の歌の歌風から、人麻呂の体格を想像する。左千夫は、人麻呂の歌柄が大きいところから、人麻呂を太った人と想像するし、節は悲壮な歌風から人麻呂を痩せた人と想像する。ここで二人は、人麻呂の歌の背後に人麻呂という作者の私像を想定しているわけですね。

子規は退屈してますから、その二人の話を面白く聞く。そして、二人が実は、自分の体格をもとに人麻呂の姿を想像していることに気づくのです。御存知のように、伊藤左千夫は太った人でしたし、長塚節は、痩せて精悍な感じのする人ですよね。しかも、左千夫の歌風は、まさに「歌の大きくして逼らぬ処」のある歌だし、節の歌はどこか「悲壮なる」ところがある歌です。二人の会話を面白く聞きながら、子規は「なんだ、こいつら自分のことをいっててんじゃないか」と思ったのでしょう。

二人の会話はさらにエスカレートします。

かく言ひ争へる内左千夫はなほ自説を主張して必ずその肥えたる由を言へるに対して、節は人麻呂は痩せたる人に相違なけれどもその骨格に至りては強く湜《たくま》しき人ならむと思ふなりといふ。余はこれを聞きて思はず失笑せり。けだし節は肉落ち身痩《や》せたりといへども毎日サンダウの唖鈴《あれい》を振りて勉めて運動を為すがためにその骨格は発達して腕力は普通の人に勝りて強しとなむ。されば にや人麻呂をもまたかくの如き人ならむと己れに引き合せて想像したるなるべし。人間はどこまでも自己を標準として他に及ぼすものか。（同）

ここで節は人麻呂に感情移入してしまって、ほとんど人麻呂と自分とを同一視してしまっています。「人間はどこまでも自己を標準として他に及ぼすものか」という子規の感想ももっともだと言えるでしょう。

この話、子規らしい洞察に満ちた面白い話だと思うのですが、僕が思うに、この話には私像にかかわる三つのポイントがあると思います。一つは、左千夫と節が背後に人麻呂の姿を想定しながら人麻呂の歌を読んでいる、ということです。二つめは、左千夫と節が人麻呂の像を、自分の感情移入によって作り上げてしまっているということです。そして、三つめは、これが少し大切だと思うのですが、この文章が書かれた時期が、日本に西洋の合理主義的な思想が圧倒的な勢いをもって流入してきた明治後期であるということです。

人麻呂の歌を人麻呂の姿を想像しながら読む、というのは今の僕たちから見れば当たり前のように思われますが、歌の本来の読み方からすれば、そのような読み方は、実はかなり変な読み方だということができるのではないでしょうか。たとえば、人麻呂が近江の都に立って「淡海の海夕波千鳥汝が鳴けば……」と歌った歌を、古代の人々が読む（聞く、のほうが圧倒的に多かったと思います）とする。そのとき、人々は人麻呂の姿を思い浮かべてはいなかったろうと思います。人麻呂の歌を聞きながら、自分も、まさにその近江の荒れた都に立ったような気持ちで、目の前に、夕映えに染まる細波が見えているような気持ちになって、その歌を聞いたのだと思います。つまり、人麻呂は人々の気持ちを代弁し、それを人々に代わって形象化しようとしていたのであり、作者人麻呂と読者（聞き手）のあいだには距離はなかった。作者と読者の間には、ある情緒的な共同体が成立していたに違いない。そこには「作者＝読者」という共同関係が成立していたのでしょう。

だいたい歌というものは、そのような情緒の結びつきによる共同体を作り上げる本質的な機能を持っているのです。[3] 歌の背後に一人の私像をみる、という左千夫や節の〈読み〉は、実は、そういった歌本来の呪術的な機能が薄れ、「作者＝読者」という情緒的な共同体が崩壊した後に成立した〈読み〉なのです。

それでは「作者＝読者」の共同体を崩壊させたものは何なのか。その問題には、明治三十五年という時代が深く関係しています。明治維新以後、日本に西洋の様々な合理主義的な思想が流入してきます。そのなかで、作品というものの背後には必ず、その作品を意図的に構成し、その作品の中の人物を思うがままにあやつる神のような「主体」を想定する〈読み〉が生まれてきます。作品とは、作者の思想の表現である。西洋合理主義の「主体」の概念がもたらしたそういった〈読み〉のパラダイムは、短歌の〈読み〉にももたらされます。作品の中心に作者を置く、という作者中心の〈読み〉の枠組みが成立することによって、「座」という情緒的な共同体の中で作者と読者が一体となっていた短詩型文学の〈読み〉が、決定的な変化を被ったことは、充分考えられます。明治三十五年という時代は、まさにそういった「作者＝読者」の共同体が、最終的に引導を手渡された時代であると言うことができるのでしょう。そういう時代風潮の中で、先の左千夫や節のような〈読み〉が成立したに違いありません。

また、出版文化の成立も私像の成立に大きくかかわっていると思われます。たとえば、平安朝の文学などを考えれば分かるように、出版文化がなかった場合、読者は作者の身近にいる人に限られますよね。源氏物語を読み回していた女房たちには、作者・紫式部の顔がはっきり見えていた。作品の背後に作者の姿を想像し詮索する必要は、彼女たちにはまったくなかったわけです。ところが、江戸時代の頃からでしょうか、教育を受けた人が多くなるにしたがって、出版文化が成立する。それによって同じ本がたくさん出版される。となると、読者と作者の関係は、希薄なものになります。いままでなら、作者は自分の作品を読んでくれる人の顔を思い浮かべながら書くことができた。読者にも、作者の顔がわかっていたわけです。ところが、大量に出版される書物からは、そういった作者の顔は見えてこない。どこにいるか知らない人、顔も見たことがない人が作者なわけです。とすれば、読者には作品を手掛かりに作者の姿を想像するしか手立てがないことになります。作者の姿が見えないからこそ、読者はこちらの側から作品の中に、作者の姿を読み取ろうとする気持ちが高まってくるのです。

作品の後ろに一人の人物が立っている、その幻想はそのときに生まれたのでしょう。私像の成立には、おそらくそういったジャーナリズムの発達による「見えない作者」の存在が大きな影響を与えていたのだろうと思われます。

また、左千夫と節が、人麻呂を自分になぞらえて考えている点も、ひとつのポイントだと思います。彼らは自分の恣意的な感情移入によって、自分なりの人麻呂像を作り上げてしまっている。つまり私像というのは、読者の恣意的な感情移入によって、思い入れによって成立するものなのです。そこには、つねに作者を自分と同一視しようという読者の性向がある。「作者＝読者」という共同体の幻想が、すでに崩壊しているにもかかわらず、なお作品の中に「作者＝わたし」という図式を読み取ろう、読み取りたい、と思う読者の性向が、私像という近代主義的な〈読み〉のパラダイムを作り上げた、といっても過言ではないと思います。

以上、私像がどのように発生してきたのかを見てみました。その背後には、読者の主体的な読み込み＝感情移入の問題と、ジャーナリズムの問題があるような気がします。このふたつの問題は、現代の私像を考える上で、僕たちにある示唆を与えてくれるような気がします。

3

さきほど僕は、私像の成立におけるジャーナリズムの影響について述べました。現代のジャーナリズムは、子規の時代とは比較にならないほど発達しています。僕たちが今現在、つまり一九九〇年（平2）の作品から読み取る私像も、このジャーナリズムによって大きな変化を被っていると思います。

僕たちが一般に私像と考えているものは、厳密に言うと実は以下の三種類に分類することができるのではないかと思います。

(1)、狭義の私像
読者が作品（一首・歌集）に向かって、主体的に感情移入することによって成立する人物のイメージ。
(2)、作者像
さまざまな作品以前の情報（メタ情報）によって、読者の心のうちに作り上げられた作者の統一的なイメージ。
(3)、広義の私像
(1)と(2)が漠然と混ざり合ったもの。

簡単に説明しておきますと、最初の「狭義の私像」というのは、僕の話の一番最初に出てきた私像の「さしあたりの定義」を少し厳密な形で言い換えたものです。先ほど僕は、私像は読者の感情移入によって成立するといいましたから、それを定義の中に加えました。何にもなし、白紙の状態で読者が、一首なり歌集なりをよんだときに感じる私像で、これこそが厳密な意味で私像と言えるものだと思います。

二番目の「作者像」というのは、それとは違います。さきほど僕は「何にもなし、白紙の状態で読む」と言いましたが、僕たちが歌集を読むときにその作者を全く知らない、作者については全くの白紙状態にある、というのは実は現実にはあまりありません。同じ結社の人なら歌会などの機会に作者とあったことがあるわけだし、有名な歌人の歌集だったら、僕たちはその人について総合誌で、あるいは岡井・俵クラスだったらテレビでその人の情報を得ているわけです。ジャーナリズムがつくり出した歌以前の情報によって、僕たちは歌集を読む以前に、すでに作者のイメージを知らず知らずのうちに心の中に植えつけられてしまっているのです。そのような歌集以前の作者のイメージがこの作者像なのです。

歌集以前のメタ情報、たとえば、総合誌に出てくる作者の個人的なプロフィール、「歌人アルバム」なんかで出てくるポートレート、作者が書いた文章・歌論、その作者がすでに歌集を出している人なら以前の歌集の歌々、テレビ・ラジオでの話し方、声、しぐさ、人となり……。歌集を読む前に僕たちは、その作者と会ってもいないのに、すでにその作者をまるで旧知の間柄のように知っている様な気がする。それが、情報の怖さですよね。現代の短歌は、いやがおうでもそのようなジャーナリズムがつくり出した情報による侵食を受けていると言えるでしょう。歌集以前の情報の総体によって、僕たちは歌集を目にする前に自分なりの作者像を持ってしまっているわけです。

これが、もし小説を読む場合だったら構わないと思います。『失われた時を求めて』を読むときにプルーストを知っているか、いないか、というのは研究者ならともかく、読者にとっては本質的には関係ないことがらです。でも、歌の場合はそう簡単には行かないのであって、さきにいったように、歌の場合、読者は作品の中に現実の作者を見て取ろうとする傾向が強いわけです。前衛短歌はそれを何とか否定しようとしたわけですが、八十年代の短歌界ジャーナリズムは、作者についての情報を大量に流すことによって、作品のなかの「わたし」を作者そのものだと思わしめてきた。いまの歌の〈読み〉の図式は、再び前衛短歌運動以前の「作中のわれ＝作者」という図式だと思います。

ということになると、一冊の歌集を読むとき、僕たちは決して「狭義の私像」だけを頭の中に浮かべて、歌集を読んでいるわけではない。一冊の歌集のなかにある人物のイメージには、それ以前の情報がつくり出した作者像が、「狭義の私像」と分かちがたい形で存在していることになります。だから、僕たちが普通に言っている私像とは、作者像と「狭義の私像」とが結びついた形のものだということができます。それが三つめの「広義の私像」なのです。

このように、ここでは、あえて純粋に読者論に徹して、私像を整理してみました。紛らわしいのでここでは「狭義の私像」のみを私像と呼ぶことにします。では、実際の歌集の〈読み〉において、この私像と作者像はどのように関係しているのか。確かめてみたいと思います。

4

ここでは、栗木京子の第二歌集『中庭《パテイオ》』（平2）(4)を材料にして、この歌集における私像の位相というものを確かめてゆきます。というのは、この歌集は、私像というものに対してきわめて意識的な歌集である、と思われるからです。

まず、この歌集における私像を確かめてみましょう。僕たちがこの歌集を純粋に、白紙状態で（本当は無理なんですが）読んだとき、この歌集の中にどんな人物のイメージを感じとるのか。作中の「わたし」がどのように行動しているのかを追ってみます。たとえば次のような歌はどうでしょう。

せつなしとミスター・スリム喫《す》ふ真昼夫は働き子は学びをり

この歌は、発表当時かなり話題になった歌ですね。この中で登場人物は、昼間におそらく台所でミスター・スリムを吸っている。ミスター・スリムというのは、ハッカ入りの煙草です。退屈さ、倦怠感の中で、ぴりっとした刺激のある煙草を吸う主婦。「亭主元気で留守がいい」というコマーシャルがありましたが、夫は仕事に出掛け、子は学校に行っている。この歌では、まるで赤の他人に対するようなクールさで夫や子供を突き放した眼で見ている人物像が立ち現れてきています。

ところが、歌集を読んでいって、次のような歌に出会うと、僕たちはあれっ、と思うんですね。

かたちより入りたる愛をあたためてひとと吾とをり七たびめの冬

いくつもの把手にふれしゆびさきは夜更けて吾子の耳たぶを撫づ

最初の歌の「ひと」というのは、もちろんご主人のことですね。七年間の愛を温めてきた二人……ここにはさっきの「ミスター・スリム」の歌で見たような夫に対する突き放した視線はありません。二首めの歌も同様で、この歌には「ミスター・スリム」の歌のような子供に対する冷めた視線というのは感じられません。母親らしい、優しい、しかもどこか冷静なところがある、母性愛の歌です。「ミスター・スリム」の歌とこれら二首の歌では、夫や子供に対する見方が微妙に違っている。僕たち読者からすれば、論理的な一貫性のない作中人物の姿に、ある曖昧さ、ファジーな部分を感じてしまう。

もちろん、僕たちの日常において、ある日は夫のことをクールに他人のように感じ、ある日は夫に深い愛を感じる。これは当たり前のことです。ところが、それが一冊の歌集になると、どこか主人公の考えや感じ方が曖昧なように感じてしまう。読者の方からすれば、どことなくファジーな私像が出来上がってしまう、と思うのです。まあ『中庭《パテイオ》』の場合は、そんなに極端にファジーだと言うこともないのですが……。

次のような三首ではどうでしょう。

しどけなく裸のくちびる光らせて珈琲をのむ午後の厨に

真昼間のタモリの艶めくくちびるに舐められゐたりテレヴィに向きて

身を揉みて泣きつつ恋を貫きし女おそろしたそがれの雨

これらの歌を読むときにも、僕たちは私像の曖昧さを感じてしまうのではないでしょうか。一首めと二首めの歌では、自分の「くちびる」というものに注目しながら自分の中にある女の部分、官能的な部分を意識しながら、少しナルシスティックに歌っています。それに対して、三首めの歌では、「身を揉みて泣きつつ恋を貫」く女、つまり自分の女の部分をあからさまに売り物にする女に対して「おそろし」と言っている。自分の中の女の部分に対しても、この『中庭《パテイオ》』のなかの「わたし」は、愛憎のいりまじった、首尾一貫しない態度を取っているかのように見受けられます。

扉《ドア》の奥にうつくしき妻ひとりづつ蔵《しま》はれて医師公舎の昼闌《た》け
星はねむり星をつつめる闇ゆれて平穏をうべなへと声する

もう、おわかりかと思いますが、これら二首の間にも、「主婦」という自分の位置に対する矛盾した見方、つまり、シニカルな眼（一首め）と肯定的な眼（二首め）を感じることができます。

先ほども言ったように、『中庭《パテイオ》』のなかの私像のぶれ、ファジーな部分は、そう取り立てて言うほど大きなものではないかもしれません。ファジーということでいえば、小池光の『日々の思い出』（昭63）や岡井隆『親和力』（平元）のなかの私像の方が、もっともっとファジーでしょう。でも、この『中庭《パテイオ》』のなかの「私像」を、他の若い女性の歌集、例えば辰巳泰子の『紅い花』（平元）や松平盟子の『シュガー』（平元）、あるいは俵万智の『サラダ記念日』（昭62）などの歌集のなかのスタティックで固定的な私像と比べると、『中庭《パテイオ》』のなかの私像は比較的ファジーだ、ということができるのではないでしょうか。

だいたい、若い女の人の最近の歌集は、どこか時代の典型的な私像を作り上げようとする傾向が強い。松平盟子の『シュガー』なんかだったら、子供をもった都市に生きるシングルの女性像というのが、歌集の背後に浮かんでくるんですね。栗木京子の第一歌集『水惑星』（昭59）も、そういったスタティックな私像を持っていたような気がします。ところが、今度の歌集はそういうことを余り感じません。だから、純粋に読者論的な観点に立った場合、この歌集の中の私像は、普通の歌集よりもやや曖昧かな、という感じがします。『中庭《パテイオ》』のなかの私像は、微妙にファジーな部分を含んでいるのです。

5

さきほど僕は、「純粋に、白紙状態で」この『中庭《パテイオ》』を読む、と言いました。でも本当は、こんなこと不可能なわけです。先に言ったように、僕たちはなかば否応なしに歌以前の情報を与えられている。それによって、僕たちはこの『中庭《パテイオ》』を読む以前に、自分なりの作者像、いいかえるなら「栗木京子像」を持ってしまっています。

たとえば、角川短歌賞を取った歌人だとか、『水惑星』の歌人だとか、京大の理学部の大学院を出た才女だとか、論理性を持った評論家だとか、綺麗な人だとか、ご主人はお医者さんだとか、お子さんがいらっしゃるとか……もういいですね。僕たちは、栗木京子本人と会ったこともないのに、それだけの情報を得てしまっている。それによって、僕たちは自分なりの「栗木京子像」という作者像を作り上げてしまって、その作者像にあこがれたり、恋してしまったりしているわけです。

が、僕たちが心のなかに描いている「栗木京子像」というのはもっと具体的にはどんなものなのか。最大公約数的な「栗木京子像」を作り上げたのは、写真や文章もさることながら、何といってもやはり彼女の第一歌集『水惑星』（昭59）ということになるでしょう。

観覧車回れよ回れ想ひ出は君には一日《ひとひ》我には一生《ひとよ》
円卓よりしづかに匙はすべり落ち抱きすくめらる腕より胸へ
人の身に対なす器官多きこと何かかなしと臥して思へり

最大公約数的な「栗木京子像」の特徴がよく現れていると思われる歌を『水惑星』のなかから三首上げてみました。栗木京子を有名にした最初の「観覧車」の歌にあるのは、のびのびとした健康的な叙情、とでもいうべきものです。たしかに美しい相聞の歌ですが、ここにははっきり言って栗木京子自身の個性はありません。若い女性の第一歌集には、多かれ少なかれ、このような健康で無垢な叙情はあると思います。この歌の背後には、はっきりとした「栗木京子像」を感じとることはできません。

「栗木京子像」が、他の若い女性の作者像と違っている点は、むしろ、二首目・三首目の歌にあきらかです。恋人に抱かれてる、という陶酔的な場面でも、冷静に「円卓よりしづかに辷はすべり落ち」というように周囲と自己を見つめている、理性的な作者像。また、三首目の「人の身」の歌のなかにある、いかにも理系の女性らしい理学的な対象の切り取り方。そういったところに「栗木京子像」の特徴があったと思うのです。

健康的で前向きな感性を持ちながらも、陶酔に溺れず、常に冷静で理性的な眼差しを失わない、科学者的な視線を持った聡明な女性。それが、僕たち読者が先行的に抱いている最大公約数的な「栗木京子像」だ、ということができるのでしょう。そういった「栗木京子像」という、情報の総体としての作者像は、この『中庭《パティオ》』のなかにある私像と同じなのか、違っているのか。僕たちは、そういう興味を持ちながら、この歌集のなかにある私像と向かい合うことになります。

さきほども言ったように、僕たちは『中庭《パティオ》』を「純粋に、白紙状態で」読むわけではありません。そんなことは不可能です。僕たちはこの歌集を、主に『水惑星』によって形づくられた「栗木京子」の作者像と照らし合わせてこの歌集を読んでゆかざるを得ません。極端なことを言えば、「このまえの歌集では赤ちゃんだったお子さんは大きくなったかしら」とか、「栗木さんはどんなお母さんになったのかしら」とか、「ご主人とはうまくいってらっしゃるかしら」

とかいった、下世話な興味も当然この歌集の〈読み〉のなかに入ってくるかも知れません。

結論から言うと、この歌集の私像は、それ以前の「栗木京子像」＝作者像を裏切ってはいません。この歌集のなかにある私像は、作者像と連続性を保っています。ひとりの若い女性であった栗木京子が、一人の母として妻として成長する。情報の総体としての作者像と、この歌集の私像とのはざまから、栗木京子という主人公の成長史が見えてくる。この歌集は僕たち読者の〈読み〉をそんな風に誘引してくる歌集だといえます。

実は、この歌集には「栗木京子の成長史」として読者に読まれようする、ある周到な仕掛けがしてあります。それは、ⅠⅡⅢという制作年順に並べた編年体の歌集の構成です。僕たち読者は、一九八四年（昭59）から一九九〇年（平2）までの五年間という、短くはない時の流れを追体験しながら、この歌集を読むことになります。それぞれのパートから印象的な歌を抜き出してみましょう。

Ⅰ（一九八四年から一九八六年まで）

①、深く深く孤独に沈む入り口へ子を連れてゆく添ひ寝しながら　(a)

②、惑星の裏側するりと撫できたる闇は裸木をつつまむとせり　(a)

③、夜に入りてやうやくに雪やみしかな泣きて勝ちたるいさかひのはて　(a)

④、しどけなく裸のくちびる光らせて珈琲をのむ午後の厨に　(b)

⑤、真昼間のタモリの艶めくくちびるに舐められゐたりテレヴィに向きて　(b)

⑥、せつなしとミスター・スリム喫《す》ふ真昼夫は働き子は学びをり　(b)

Ⅱ(一九八七年から一九八八年まで)

⑦、かたちより入りたる愛をあたためてひとと吾とをり七たびめの冬　(a)

⑧、いくつもの把手にふれしゆびさきは夜更けて吾子の耳たぶを撫づ　(a)

⑨、扉《ドア》の奥にうつくしき妻ひとりづつ蔵《しま》はれて医師公舎の昼闌《た》け　(b)

⑩、粉砂糖ひとさじ掬ひわたくしに足りないものは何ですかと問ふ　(b)

⑪、をり鶴のうなじこきりと折り曲げて風すきとほる窓辺にとばす　(c)

Ⅲ(一九八九年から一九九〇年まで)

⑫、うすがみを解《と》けば木の香が花の香にかはる果実よ春のさきぶれ　(a)

⑬、身を揉みて泣きつつ恋を貫きし女おそろしたそがれの雨　(a)

⑭、春寒や旧姓繊《ほそ》く書かれゐる通帳出で来つ残高すこし　(c)

⑮、サーカスのつめたき埃の中に坐しあなさびし子らは象に手を拍《う》つ　(c)

⑯、曇天の重さをすくひあげながら観覧車のぼるさらなる濁りへ　(c)
⑰、星はねむり星をつつめる闇ゆれて平穏をうべなへと声する　(c)

これらの歌を順を追って読んでゆくとき、僕たちはそのつどそのつど先の「栗木京子像」との連続性や不連続性を感じてゆきます。そのような観点から、少し強引ですが、これらの歌を次の三種類に分けてみました。

(a)、従来の「栗木京子像」の延長上にある歌
(b)、従来の「栗木京子像」との差異が非常に大きい歌（倦怠感や官能性が感じられる歌）
(c)、新しい展開を感じさせる歌（日常に対する諦念や運命愛が感じられる歌）

(a)の歌は、今までの「栗木京子像」からみて意外性がなく、「ああ、やっぱり栗木さんは変わってないな」と僕たちが感じる歌です。①の歌の、自分の子どもを柔らかな叙情性を持った眼で見つめながらも、どこか子どもを他人として見ている理性的な視線や、②の科学者的な視点、③の自分に対するクールで客観的な眼差しは、あきらかに『水惑星』を始めとした従来の「栗木京子像」の延長線上にあるものです。

(b)の歌は、僕たちが「あっ」と思う歌。いままでの僕たちの頭の中にある「栗木京子像」とはまったく違った、どちらかというと今までの「栗木京子像」とは正反対の感じがする歌です。たとえば、⑥⑨⑩の歌にみる、何となくアンニュイな感じ。日常生活に対する倦怠感のようなもの。それから、さきほども引用した④⑤の歌にみる官能的なイメージ。これらは、いままでの健康的で理性的な「栗木京子像」とはまったく違っています。これらの歌をみると「あれっ、栗木さん、前と違っちゃったのかな」と僕たちは思ってしまうわけです。今までの「栗木京子像」と矛盾してしまうわけですね。

(c)の歌は、(a)の歌と(b)の歌を止揚した感じの新しい傾向が見られる歌です。たとえば、⑭の歌。結婚する前の通帳に記されたわずかな貯金の残高。そこには、未婚だった頃の自分に対する随分落ち着いた眼差しがあると思います。華やいでいた独身時代を、この作品の中の「わたし」は懐かしんでもいないし、あざ笑っているわけでもない。自分が今置かれた主婦という立場を受け入れ、その日常の平穏さをうべなおうとする大人の視線……。そういったものがこの歌からは感じられると思います。(b)の歌々のように、自分の日常生活をシニカルに倦怠感の中で歌うのではなく、その日常の平穏を直視し、それを愛そうという視点は⑭から⑰の歌にも明らかに現れてきています。

なかでも、⑯の歌などはかなり象徴的です。栗木さんが「観覧車」を歌えば、僕たち読者は

『水惑星』の「観覧車回れよ回れ」の歌を思い浮かべずにはいられない。かつては、甘酸っぱい恋の歌として歌われていた「観覧車」が、ここでは「さらなる濁り」のなかへ入ってゆくものとして歌われている。そこに、僕たちは、純粋なままでは生きてゆけない主人公の人生を感じざるを得ない仕組みになっているわけです。

このように、ⅠからⅢのなかの印象的な歌々を三種類に分類してみると、この歌集の中で「栗木京子」という主人公が、どのようなことを感じながら生きてきたのかということがはっきりと読み取れる構造になっています。

この歌集の初期、すなわちⅠやⅡの時期には、比較的(a)や(b)の歌が目立ちます。ということは「栗木京子」が『水惑星』の時期同様、健康な感性を保ちながらも、「主婦」という新たな役割に対して、ある種の違和感と倦怠を感じて生きてきたことを、僕たちに想像させる。逆に、歌集の後期、すなわちⅢの時期になってくると、(a)や(b)の歌が減って(c)の歌が増えてくる。ということは、この歌集の中の「栗木京子」という主人公が、しだいに「主婦」として自己を認識し、日常を肯定しながら、生きていこうとする態度を持ちはじめたということになるでしょう。少なくとも読者である僕たちは、そんな「主婦」としての成長の過程をそこに見てしまいます。日常生活に対する腰の座った諦念、あるいは運命に対する愛が「栗木京子」の中に生まれてきたような感じをうける。そういう〈読み〉をするとき、この『中庭《パティオ》』という歌集は、

「栗木京子像」＝作者像の成長史として読まれてしまっていることになる。

このような読み方のなかで僕たちは、歌集一冊を「純粋に、白紙状態で」読む読み方とは別の〈読み〉を行っています。『中庭《パティオ》』だけを読むかぎり、この歌集に出てくる私像は、あるファジーなところを持っていました。しかしながら、僕たちは、この歌集を純粋に白紙状態で読むわけでは決してない。今まで読んできた通り、僕たちは、この歌集を歌集以前に先行的に与えられている作者像との連続性において、通時的なかたちでこの歌集を読んでゆくわけです。そして、そんな〈読み〉をするとき、僕たちは、作者像と歌集の中の私像が、決してかけ離れたものではなく、がっちりと連続している、という印象を持ちます。

いろいろなことがあったけど、ああ、やっぱり栗木さんは、変わってないんだわ。私と同じ様に、奥さんとして、母として、主婦として、がんばっているんだわ……。読者が同年代の女性であれば、この歌集はそんな風に読まれることもあるでしょう。この歌集に出てくる主人公は、少々ファジーなところを持っているのだけれど、僕たち読者は、その人物が「栗木京子」であることを疑わない。歌集の中の主人公は、あの『水惑星』の中にいた「栗木京子」である、という〈読み〉の図式が、この歌集を読むと、僕たちの頭のなかにはがっちりとでき上がってしまう。つまり、僕たちは『中庭《パティオ》』の中の私像を、「栗木京子像」という作者像で補足しながら読んでいるのです。

このような歌集の〈読み〉は、何も『中庭《パティオ》』の〈読み〉にとどまるものではありません。このような〈読み〉は、歌壇で活躍している歌人の歌集を読むときには、僕たちがいつも無意識的に行っている〈読み〉だと言えるでしょう。

6

僕たちが歌集の中の人物をどのような形で感じとっているか、という問題を栗木さんの『中庭《パティオ》』を材料にして、考えてみました。整理してみると、僕たち読者は、以下のような二つの〈読み〉によって、歌集の中から、ひとりの人物のイメージを汲み取っていることになります。

(1)、歌集の中の私像が、どれだけ明確であるか。

(2)、歌集の中の私像が、今までの作者像とどう連続しているか。または、断絶しているか。

少し補足しておくと、(1)の「明確に」とは、その歌集の登場人物の行動・思想・感情が、首尾一貫した論理性に貫かれているかどうか、ということです。たとえば近藤芳美の『埃吹く町』（昭23）のなかにある私像は、一貫した「技術的インテリゲンチュア」のイメージで統一されており、もうこれ以上ないほどに明確で固定的です。それに対して岡井隆の『親和力』のなかにある私像は、曖昧模糊としています。

以上のように考えてくると、僕たちは読者の〈読み〉の中から、歌集の中の私像を測るための次のような二つの批評基準（批評軸）を導き出すことができると思います。

(1)、私像の鮮明度

その歌集一冊の中に登場する主人公の行動・思想・感情が一貫した論理性に貫かれているか否か。（共時的批評軸）

(2)、作者らしさ

その歌集一冊の中に登場する主人公が、従来の作者像とどれだけ連続し、合致しているか。（通時的批評軸）

僕たち読者は、もちろん評論家ではありませんから、これらの批評軸を常に意識しているわけではないでしょう。しかしながら、僕たちは、一冊の歌集の中で主人公が動いている、と感じるとき、実は常に意識の下で、この二つの批評軸によって、その主人公を測定して自分なりの人物イメージを作り上げているのでしょう。

いま、批評軸の(1)を横軸に、批評軸の(2)を縦軸に取ってグラフを作ってみます。そうすると、上のようなグラフができることになります。

横軸の右の方へ行けば行くほど私像は明確になりスタティック（固定的）になっていきます。左へ行けば行くほど私像はファジーです。

縦軸の上に行けば行くほど私像と作者像との連続性が濃密になり、僕たち読者がその歌集を読んだときに「いかにも○○さんらしいなあ」と感じることになります。つまり「作者らしさ」の度合いが強くなるのです。逆に下に行けば行くほど、両者の連続性は希薄になってゆき、僕たちが「作者らしさ」を感じる度合いは弱くなってゆきます。

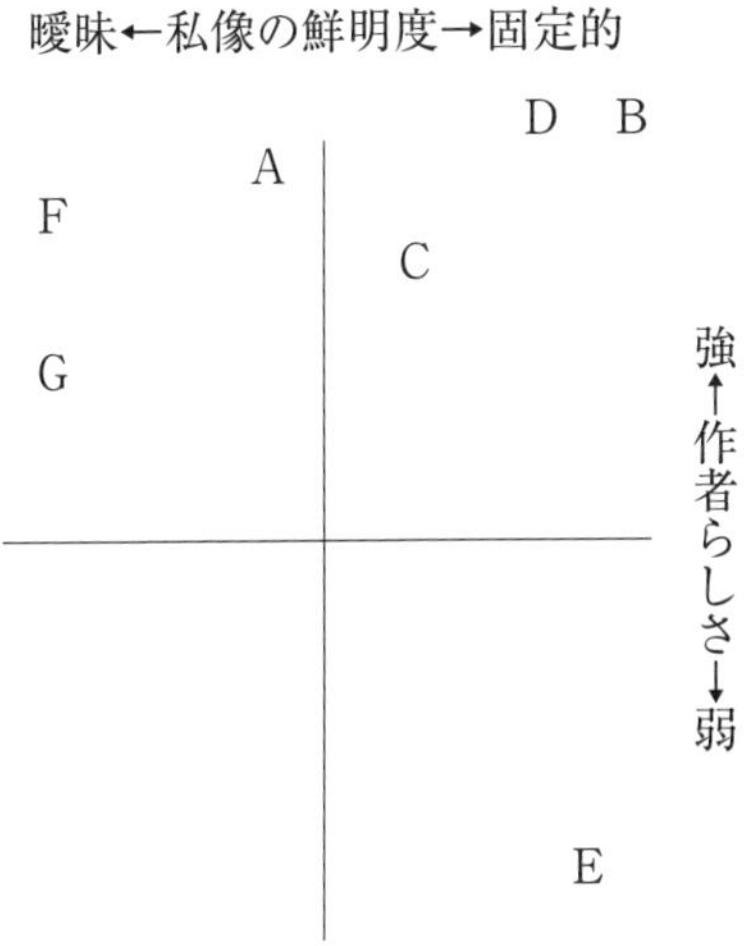

現代の歌集は、この横軸と縦軸が作る平面の中の座標として位置づけることができると思います。たとえば、先ほど例にした『中庭《パティオ》』なら、ヨコ軸は、ややファジーで左寄り。タテ軸は私像と「栗木京子像」が連続性を保っている、という意味でかなり上の方に位置することになる

でしょう。したがって、『中庭《パティオ》』という歌集の位相は右の図のAあたりの座標に位置することになります。

ほかの歌集ならどうか。こう考えてみると、けっこう興味深いものがあります。俵万智の『サラダ記念日』（昭62）なら、座標Bあたりに位置するでしょう。歌集単位の私像は、きわめて明確です。また、マスコミのなかで流されている「俵万智像」は、『サラダ記念日』のなかに登場する私像と、ほぼぴったり合致しています。松平盟子の『シュガー』なら、多分Cあたりに位置づけることができるでしょう。歌集のなかの私像は『サラダ記念日』よりは、やや曖昧だといえるでしょう。が、作者に関する情報の総体である「松平盟子像」と、この『シュガー』のなかの私像は、俵同様にかなり密着しているといえます。辰巳泰子の『紅い花』（平元）は、座標Dあたりでしょうか。また、林あまりの『ナナコの匂い』（平元）なら、「作者らしさ」がきわめて希薄だという意味で、Eあたりに位置することになるでしょう。総じて若い女性たちの私像は、全体に右寄りに位置するものが多い。歌集単位の私像は、かなり明確でスタティックなものが多いという傾向があるような気がします。

それに対して男性歌人はどうか。小池光の『日々の思い出』はFあたりの座標に、岡井隆の『親和力』はGあたりの座標に位置するような気がします。歌集単位の私像は、先の女性歌人の歌集よりもかなり曖昧でファジーです。

全体として、女性歌人の場合はスタティックな私像を求める傾向が強く、男性歌人の場合はファジーな私像を求める傾向が強い、ということができそうな気がします。こうやって、いろいろ話題になった歌集の私像の位相を座標に取ってゆくと、八十年代の短歌界における「私性」をめぐる問題の地平が、何となく分かってくるような気もします。

7

最後に大切なことを言います。いままで僕は、純粋に読者論に限って話を進めてきました。作る側、作者側のことは、あえて無視して話を進めて来たのです。作者にとって「私性」の問題が、どのような位相のもとで語られるべきなのか。それは、ここでは簡単に述べることはできません。

ただひとついえることは、ジャーナリズムが歌人のすべてを覆いつくし、情報の総体としての作者像をつくりあげている現代において、「自分の歌集が不特定多数の読者にどのように読まれるか」という問題に歌人は意識的にならざるを得ない、ということです。自分は読者の眼にどの様な人物として映っているか。どのようなイメージを読者に与えているか。自分はこの歌集を出すことによってその自分のイメージとどのように距離を取っていけばいいか。今度の歌集では、そのイメージを壊すべきか、継承すべきか……。現代の歌壇に生きる歌人たちは、意識的にしろ、無意識的にしろ、その問題から逃れることはできない。このように言ってしまうと、身も蓋もないのですが、以上のような問題を僕たちは常に意識せざるを得ないのです。

小池光はこのような現代の短歌の現状を、正しく見つめている作家です。彼はジャーナリズムによって作り上げられた作者像を「商品性」という言葉を使って次のように指摘し、その問題点を明らかにしています。

短歌に限らずライト化する傾向の特徴のもう一つに、商品性というのがある。短歌ジャーナリズムというものもあってそこでつねに新しい商品を生産して流通させていかないと歯車が回転しないという要請が一つあるでしょ。そういう商品性という要求に対して意識的に敏感に彼ら（大辻注・ライト・ヴァースの作家たち）は反応している。いまいったいどういうものがエアポケットで、どういうかたちで自分の短歌表現をなせばここに食い込めるかとか、そんなことは前は考えた人もいなかったし、流通も商品性も回転もしなかったわけだけれど、いまはそれを意識している。辰巳泰子君でも、こういうタッチでやればエアポケットに入れるとか、それは絶対にあると思うね。彼らは非常に敏感ですよ。短歌自体は何の商品にもならないんだけれど、短歌を作る人間、キャラクターは、歯車にはまり得る。俵さんが典型だと思う。それに対して、みんなそれぞれ敏感だ。それが当然、作品のほうにもフィードバックしてきている。

（鼎談「ライト・ヴァースは終わったか」「歌壇」平2・9）(5)

僕なんかがこれを読むと、何だ小池さんは自分のことを言ってるのではないかな、と感じます。こう発言する小池光自身も、自分の作者像、彼の言葉でいえば「キャラクター」を非常に冷静に意識していると思う。ジャーナリズムによって捏造された自分の作者像とどう距離をとるか、彼はその問題に良い意味で非常に意識的だといえます。『日々の思い出』が高い評価を受けたのも、その冷静な意識化の結果だったのではないか、と思います。同じことは岡井隆に対しても感じる。いま、一番アップ・トゥ・デイトな作家は、みんなこの事に対して敏感です。

歌人にとって、現在という時代はやりにくい時代なのでしょう。読者の眼を気にしながら歌を作らざるを得ない。それは、ある意味では当たり前なのですが、それにしても、「自分の心からおのずから沸き上がってきた感情を、三十一文字にのせて歌う」といった時代の短歌とは、大きく掛け離れた時代に僕たちはいるのだなあ、という感慨を禁じえません。おたがい、大変ですね。

（平成二年八月十八日、岐阜市で行われた未来岐阜大会のワークショップ「歌集と私像」の発表）

注

（1）岡井隆『現代短歌入門』（昭44、大和書房）第十一章「私文学としての短歌」。岡井隆コレクション2『短詩型文学論集成』（平7、思潮社）三四三頁。
（2）岩波文庫『病牀六尺』（昭59改版、岩波書店）一七頁。
（3）大辻隆弘「定型という名の装置」「未来」（平2・11）一九頁～三五頁。
（4）この論考の掲出歌は以下の栗木京子歌集によった。『水惑星』（昭59、雁書館）『中庭』（平2、雁書館）。
（5）鼎談「ライト・ヴァースは終わったか」「歌壇」（平2・9、本阿弥書店）八一頁。

短歌的主題と私性

――「われ・私」に関する若干の整理

短歌における「われ・私」とは、いったい何なのか。前衛短歌以後、短歌のなかにひそむ「われ・私」が、何度も論議され分析されてきた。しかし、「私」「われ」といった語が指し示す意味内容は、そのつどそのつど、その論者によって微妙に異なっているように僕には感じられる。

私たちが直面している〈現実〉とは、まずこの日常でありながら、日常という手応えの感じられない空間である。この〈現実〉の手応えのなさを問いつめてゆくと〈私〉の存在は、ますます断片化されてゆかざるをえない。

（山下雅人「廃墟の夢と宇宙感覚」[1]）

たとえば、この文における〈私〉とは、現実に生きる僕たち一人一人のことだ、といってよいだろう。

戦時下における「村」の変化。そして村人、肉親への影響。それらを、〈われ〉というモノローグで語るのではなく、モデルⅡのような無化された定点の〈われ〉から描き出したところに、平井の手柄はあると言える。

（小塩卓哉「主題表現の方法」[2]）

この文における〈われ〉とは、短歌一首の文そのものの中に登場してくる、「われ」「ぼく」という人物そのものを指しているようだ。

なおその後塚本は、たとえばヴェルレーヌとランボオを主人公とした

人を悪《にく》みて罪愛すれば山中に山火事のあとかぐはしきかな

鶏頭のごときその手を撃ちし刹那わがたましひの夏は死せり「水銀傳説」『水銀傳説』

などの連作を詠んでいるが、現在においては当時と比較して、作中の「われ」が顕在化してきたように思われる。

（大野道夫「『社会的主題』としての前衛短歌」[3]）

この文における「われ」とは、どんな意味だろうか。よく分からない。塚本邦雄という実在の人物そのものを言っているようにも思える。あるいは、僕たちが連作を読み進めてゆくとき

に胸のなかに浮んでくる一人の人物のイメージのことを言っているようにも思える。

前衛短歌の時代から、現在にまで続く「われ・私」といった言葉のこのような混乱は、なぜ起こるのだろうか。

思うに、短歌のフィールドのなかで使用される「われ・私」という言葉は、大きく分けて次の三つのレベルにおいて使用されている。

①＝実在する作者そのものとしての「われ・私」
②＝短歌一首のなかの顕在的・潜在的主語としての「われ・私」
③＝連作・歌集のなかから立ち現れてくる人物イメージとしての「われ・私」

①のレベルにおける「われ・私」は、厳密にいえば、一首の短歌というテクストの内部に存在するものではない。現実の作者がどのような人物なのかは、歌そのものからは分からない。分かった気がするだけだ。このレベルにおける「われ・私」は、外＝テクスト的な「われ・私」である、といえる。
それに対して、②のレベルにおける「われ・私」は、一首の短歌というテキストの内部に存在する。それは、一人称代名詞そのものとして一首の文脈のうちに登場する場合もあるし、一

首の文脈のなかには登場しないにもかかわらず潜在的な主語として一首の叙述内容を統制する場合もある。先の言い方を使えば、内＝テクスト的な「われ・私」である。

注目したいのは、③の「われ・私」である。僕たちが歌集を読んでゆくとき、その歌集の背後にひとりの人物の立ち姿が生起してくる。歌々の背後にそれらの歌を統合的に支配している人物が、しだいしだいにはっきりと姿を表してくる。そうして、そうやって立ち現れてきた人物像が、その次に来る一首の読みを規定してゆく。そのような連作や歌集単位であらわれる人物のイメージを、かつて僕は「私《わたくし》像」という用語を使って分析してみたことがあった。(4) 先の用語にならえば、この「われ・私」は、いわば一首一首の歌の間に、間＝テクスト的に存在する「われ・私」だということができるだろう。

通常、無反省なまま使われる「われ・私」には、その使用に関する以上述べたような三つのレベルの差がある。したがって短歌評論などで、短歌の「私性」が問題にされている場合、その論者がどのレベルにおいて「われ・私」という言葉を使っているかを明確にしながら読んでゆかねばならない。

たとえば、山下論文における〈私〉は現代を生きる作歌主体という意味で、①のレベルで使われている。同様に、小塩論文の「われ」は、②のレベルで使われているのだろう。大野論文の「われ」は、①と③の二つのレベルを混同して使用されている可能性が強い。

このように考えを進めてゆくと、前衛短歌をめぐっておこなわれた「私性」論議の混乱も、少しく整理できるのではないか。平井弘が架空の兄を歌って非難された[5]のは、②のレベルにおける「われ・私」と、①の「われ・私」との混同から生じた誤解であるし、「短歌は、基本的に〈一人称詩〉としての性格を負っている。鑑賞するときに、だから、主語が無い場合には〈私〉とか〈吾〉とかの、一人称代名詞を補って解すればほぼ正解が得られるというわけだ」という佐佐木幸綱発言[6]は、②のレベルにおいて、「短歌における〈私性〉というのは、作品の背後に一人の人の——そう、ただ一人だけの人の顔が見えるということです」という岡井隆の発言[7]は、③のレベルにおいて語られている、ということになるだろう。「私の無化」という便利な用語も、このような観点から再検討する必要があるような気がする。

しかしながら、なぜ、このような用語上の混乱が起こりがちなのか。それはおそらく、短歌という制度のなかの「われ・私」が本質的にかなり巧妙な機能をそなえているからだ、と思われる。みずからのうちにあるレベル差を内包しながら、三つのレベルに跨がって存在している短歌的「われ・私」。その摩訶不思議な機能こそが短歌の「主題」を成立させているカギなのではないか。そんな予感が僕の胸をよぎったのだが詳細な論の展開は後日に譲りたいと思う。

注

（1）山下雅人「廃墟の夢と宇宙感覚」「ノベンタ」創刊号（平2・9）二九頁。

（2）小塩卓哉「主題表現の方法」「ノベンタ」第2号（平3・4）一六頁。

（3）大野道夫「『社会的主題』としての前衛短歌」「ノベンタ」第2号（平3・4）八頁。

（4）大辻隆弘「私像の時代」（本評論集所収）。

（5）この事情は、岡井隆『現代短歌入門』（昭44、大和書房）第十一章「私文学としての短歌」にくわしい。岡井隆コレクション2『短詩型文学論集成』（平7、思潮社）三一四頁～三四七頁。

（6）佐佐木幸綱『作歌の現場』（昭57、角川書店）第二章「詩型の強制力」一二二頁。

（7）岡井隆『現代短歌入門』（昭44、大和書房）第十一章「私文学としての短歌」。岡井隆コレクション2『短詩型文学論集成』（平7、思潮社）三四三頁。

一首の屹立性について

1

自分自身に関わることから話し始めるのを許していただきたい。昨年の「歌壇」（平3・5）誌上で、僕は同誌三月号に掲載された高野公彦の「オプション」[1]という連作を、それが中原中也の詩を踏まえていることに気づかないまま、次のように批評した。

ミサイルがゆあーんと飛びて一月の砂漠の空のひかりはたわむ　　高野公彦
燃ゆる水、幾時代かがありまして砂漠の国の茶色い戦争
ミサイルを撃ち落す華麗な映像のその背後なる巨き陰蔽《いんぺい》
戦火映すテレビの前に口あけてにつぽん人はみな鰯

高野公彦「オプション」より。言葉を自分の内面に沈澱させて歌うかつての彼の歌とはま

ったくちがった歌いぶりに、まず驚かされる。一首めの「ゆあーん」というオノマトペや、二首めの「ありまして」というとぼけた口語、四首めの結句「みな鰯」といった字足らずの語法。これらは四五年前の内省的な彼の歌を愛するものにとっては、何となく軽薄で上滑りな感じがする言葉であろう。（中略）高野の一見軽薄とも思えるこの歌いぶりは、情報としての戦争をいかにしてリアルに表現するか、という問題に真っ向から取り組もうとした意欲の現れだ、ということが出来る。

（大辻隆弘「状況という外部」「歌壇」平3・5）[2]

案の定、この僕の文章には様々な批判が寄せられた。それらのほとんどは、僕が中原の「サーカス」への言及を怠っていることに対する批判であった。僕は忸怩たる思いでそれらの批判を読んだ。しかしながら、本当の意味で心にこたえ深く考えさせられたのは、僕の無知を批判した文章ではなく、花山多佳子の次のような文章だった。

大辻の読みは、一首の屹立性による表現が困難になっている、という前提で、作品よりは全体としての意図を評価する姿勢に立っている。一首一首の見た通りの出来、不出来は問わない。

五月号では、湾岸戦争をうたった高野公彦の作品について、「高野の一見軽薄とも思えるこの歌いぶりは、情報としての戦争をいかにしてリアルに表現するか、という問題に真っ向から取り組もうとした意欲の現われ《ママ》だ」として、

ミサイルがゆあーんと飛びて一月の砂漠の空のひかりはたわむ

ミサイルを撃ち落す華麗な映像のその背後なる巨き陰蔽

などを引用する。一見「何となく上滑り」な印象を、むしろ意図的なものとして評価するのである。が、作者名を伏せたら、これらの作品は、湾岸戦争をうたった多くの典型的な作品と果してどれだけ区別されるだろうか。特に評価されるとしたら高野の作品だから、ということになる。

（花山多佳子「フィーリング読み」「塔」平3・6）[3]

要するに花山の批判は、僕が「一首の屹立性による表現が困難になっている」という前提に立って、作者についての事前の情報にひきずられ「一首の見た通りの出来、不出来」に対する批評をおろそかにしてしまっている点に向けられている。

この花山の批判は、すべてとは言えないまでも、僕にとってはある程度納得できる批判だった。それは、この花山の文章が「作品よりは全体としての意図を評価する」という僕の批評の傾向を再認識させてくれ、自分の作品の〈読み〉を改めて検証するきっかけを作ってくれたからであった。

しかしながら先日、「オプション」の作者である当の高野公彦が花山の文章に対して次のように書いているのを読んで、僕は少し驚いてしまった。高野は花山の文章の先の部分を引用しながら、次のように僕の無知を弁護してくれている。

おどろいた言ひぐさである。大辻氏は、私の歌の中に混じつてゐた中也の詩といふ異物《いぶつ》を感知して「何となく上滑り」な印象を受け、しかしそれを意図的なものと判断し、きちんと作者の意図を読み取つて批評を書いたのである。ところが花山は〝作者名を伏せたら、他の作品と果してどれだけ区別されるか〟などと放言する。異物の混入した私の歌群が、他の作品と区別できないなら、花山はまことに愚鈍な人間といはねばならぬ。（中略）人間は無知でいい。無知でも、まつすぐに歌の言葉をみつめればいいのである。

（高野公彦「批評の態度について」「現代短歌雁」第21号・平4・1）[4]

無知をさらけだしてしまった僕自身にとっては救われたような気持ちになる文章であるが、ここで述べられている高野の花山批判は僕にはよく納得がいかない。第三者的な目から見ると、高野は花山の文章を自分自身の作品の直接的な評価として受け取ってしまっているような気がする。たしかに花山は高野の作品に対して「作者名を伏せたら、これらの作品は、湾岸戦争をうたった多くの典型的な作品と果してどれだけ区別されるだろうか」とは言っている。しかしながら、その言葉はこの文脈から言って、高野の作品をあげつらうために言われたものではない。この文章は高野の作品に対して直接に言及したものではなく、「作者名を伏せたら」という純粋な仮定条件のもとで、僕の作品の〈読み〉、さらには花山自身をもふくめた現在の歌壇の一般的な作品の〈読み〉の現状を謙虚な態度で自問自答しようとしている文章なのだ、と僕自身は理解している。高野はむしろ、そのような彼女の問題意識そのものを読み取るべきだったのではないか。

実際、僕が高野の「オプション」を初めて読んだ時のことを考えてみると、花山の指摘に思い当たるところがある。僕が「オプション」のなかに混入された「ゆあーん」「ありまして」といった異物を異物として察知できたのは、この作品以前の高野の静謐な作品世界を僕自身が知っていたからであり、そのような予備知識に照らし合わせたとき、それらの語群がきわだって異質な光を放っていたからだ。あの高野さんがこんな言葉遣いをしている……。「作者名」と「作品」とのそんなギャップに対する驚きがあったからこそ、僕は、あえて奇異な言葉を使ってまで高野が表現しようとしたものを考えてみようとしたのだと思う。この作品がもし、たとえば、若者の口語短歌が頻出する月刊誌の読者欄に掲載されていたとしたら、「ゆあーん」「ありまして」といった言葉の背後に隠された作者の意図を僕はそれほど深く考えようとしただろうか。しなかったにちがいない。そう考えるとき、僕は高野の作風に関する僕の予備知識が、作品の〈読み〉を潜在的な形で方向づけていたことに気づかざるを得ないのだ。

そのような作品の〈読み〉はおそらく僕だけの〈読み〉ではないのだろう。大量に消費され、作者についての情報が氾濫している現在の短歌界において、高野をはじめとする著名な作家の作品は、その作者名とともに読まれるしかない、という現状がある。その作家がどのような経歴をもち、それ以前にどんな作品を作ってきたか。そのような作者自身に関する歌以前のレベルにある情報が、読者の胸のなかに或る作者像をつくりあげ、次の作品の〈読み〉の位相を規定してゆく。花山の文章にこめられた苦い自問自答の響きは、そのような現在の短歌界の〈読み〉の現状において、作者名やその他の情報から切り離された「短歌一首それ自身の文学的価値」は画定可能なのか、という花山自身の真摯な問題意識にうらづけられているのだ。「短歌一首それ自身の文学的価値」、それを「一首の屹立性」といってもよい。花山の文章に込められたいらだちは、「一首の屹立性」を確立できない、自分自身を含めた現在の〈読み〉の現状に対するいらだちなのだ。

そう考えると、花山の先の文章にこめられた〈読み〉の現状に対する不満は、実は、花山を批判する高野の文章にも共通している、ということがはっきりしてくる。先の文章の他の部分において、高野は次のように言う。

歌人を、流派で見てはいけない。その作品で見てゆかなければならない。これは常識である。（同）

知識の有無は大した問題ではない。要は、対象作品について〈正確な読み〉〈すぐれた読み〉ができるかどうか、である。（同）

高野がこの文章で繰り返すのは、作者の流派や作者に対する事前知識を離れて作品そのものの価値を正しく見抜く「正確な読み」「すぐれた読み」の必要性であり、現在の短歌批評においてそれが行われていない、といういらだちである。それは、「作品そのもの」の価値画定をもとめた花山の主張と実は軌を一にしている。高野もまた「一首の屹立性」をなおざりにする現在の〈読み〉の水準にいらだっているのだ。ただ、花山の文章は「作品そのものの正確な読み」が存在することに対して懐疑的であり、高野の文章はそれを「常識」として信頼しきっている、という違いはあるが……。

2

現在の短歌界の最も前線にいる高野・花山の口から、期せずして発せられた「一首の屹立性」の問題。しかしながら僕は、彼らの発言に心ひかれながらも、一抹の疑問を感じてしまう。なぜいま、「一首の屹立性」なのか。

短歌という詩型が、それ以前の情報を離れて、それ一首として「文学的価値」を持ちうるかどうか。屹立できるかどうか。その問題は、前衛短歌以来何度も何度も、手を代え品を代え、短歌評論の俎上に載せられてきた定番の問題である。しかしながら、率直にいって、その問題は僕たちにとってもはや解決済みである、という印象が、一般的には強いのではないだろうか。

古くは岡井隆『現代短歌入門』のなかの「場」の理論。[5] 近くは小池光『日々の思い出』のあとがきや、日付に関する数々の論考。[6] それらの理論や論考で立証されているのは、短歌という詩型は本質的にそれが置かれた「場」の力を借りなければ成立できない詩型である、ということである。彼らは、短歌の「臨場性」(小池光)を見据えたうえで、積極的に「場」を造形し、その詩型のもつ潜在的な表現力を有効に発揮しようとしてきたのだ。

読者が作品を読む以前に、なかば強制的な形で抱かされている作者に対する情報量。そして、それによって成立させられた作者についての漠然とした人物イメージが、一首の読みを潜在的な形で規定してゆく……。ふりかえってみると、そのような〈読み〉の方向が改めて顕在化してきたのは、ここ四・五年のことであったように思う。そのような状況をかつて僕は「私《わたくし》像の時代」[7]と呼んだことがある。それが現実の作者自身であろうとなかろうと、作品の背後に一人の人物像を想定して作品を読む。八十年代後半に、あらためて意識化されたそのような作品の〈読み〉は、私見によれば、正岡子規以降に成立し、その後の近現代短歌の表現を根底で支えた〈読み〉のパラダイムであった。八十年代後半の短歌の〈読み〉の現状は、近代短歌が作り出した〈読み〉の枠組みの最も先鋭化されたものだと言うこともできるかもしれない。

しかしながら、先に見た高野や花山の文章であきらかなように、そのような八十年代的な〈読み〉に対するいらだちが歌人たちの間にいまひそかに拡がって来ているように思う。そして僕は、そのいらだちが、「一首の屹立性」に否定的な態度を取り、八十年代の〈読み〉の現状に最も意識的だった歌人の口から語られていることに驚き、注目する。

たとえば、岡井隆である。彼の最新歌集『宮殿』（平3）の次のような「あとがき」を読んだとき、僕は少しく衝撃を感じた。

作者は、読者の前に姿をあらわしてはならない。この鉄則に打たれて、眠りから覚めた。作者は、無名でなければならない。この鉄則に照らせば、わたしはすでに、作者である資格を失っている。歌人として、多少世に知られてしまったからである。
けれども、今からでも遅くはない。無名《アノニム》の楯へにじり寄って行きたい。
（岡井隆『宮殿』「あとがき」(8)）

僕は、この文章のなかに、岡井隆の新たな問題意識を感じる。本来なら、歌集のあとがきは作者の本音が如実に表明される場所だろう。いわば、作者の有名性がもっとも発揮される場所だといってよい。

が、岡井はその中で、作者の無名性を主張する。それは、あとがきの本来の機能から考えれば、矛盾していると言わざるをえない。岡井はそれを承知でこのように書いているのだろう。彼がこのあとがきで読者に要求しているのは、作者についての情報をあらかじめゼロにしたうえで作品一首一首を読む、という作品の〈読み〉である。いいかえるならその要求は、作品一首一首を作者の情報から屹立させようとする試みであるといってよい。

実際この歌集では、あとがき以外にも、一首一首の歌を「岡井隆」という作者像から切り離すためのさまざまな試みが行われている。例えば「春・秋・夏・冬」という季節の流れにしたがって行われている作品の配列。それは言うまでもなく、古典和歌における勅撰和歌集の「部立て」の配列法を現在に復活させたものである。作者のたどってきた人生の道筋にそって作品を並べる編年体（あるいは逆年体）を拒否することによって、一首と作者像を切り離そうとする岡井の意図がここにも現れている、ということができよう。

　岡井は、あとがきや配列という、一首の置かれている「場」の力を、一首を作者像という矮小化された「場」から切り離すために利用している。それは「場」の変革のために「場」自身の力を利用するという、アクロバティックな戦略であるといってよい。

　小池光からも目が離せない。彼は、短歌の「臨場性」を肯定的に評価する今までの文章[9]とは一見矛盾する「短歌翻訳説批判」とも言うべき次のような発言を行っている。彼は「未来」誌上に掲載された神取真津代の「ドゥーリーが窓に向かいて伸ばす腕　逆光のなかγ《ガンマ》ラインよ」という一首を含めた一連について次のように言う。

> （神取の一連は）全体としてなにかをコラージュしている。ただその全体は連作というのとはまたずれていて、もっと拡散した、とりとめのないもののようだ。いわば、ある種の散文の各行を五句三十一音にそろえて書いてみた、そんな気配が強い。その散文各行に点在する感覚のきらめきのようなものは信頼できるが、ではなぜ各行を三十一音に揃えなければならないか、ソボクな疑問が残る。

　つまり、この「一連」でなにが一番気になるか、それが短歌（の形）をしているのが一番気になる。先行するなにものかを短歌に「翻訳」している、そんな気がする。短歌はホンヤクの形式か？

（小池光「ニューアトランティス八月を読む」「未来」平3・11）[10]

ここで小池は、神取の連作が「ある種の散文の各行」を短歌の形に「翻訳」した訳文であるとし、作品について「一首だけを取り出して云々」することの無効性を述べている。さらに小池は、その傾向が単に神取作品のみの傾向にとどまらず、最近の短歌界全般の傾向であることを述べる。

訳文から「原文」のおもしろさを想定し、原文のおもしろさによって翻訳文＝短歌のおもしろさを評価する、そういう傾向が最近一段と加速されたようにおもえる。翻訳は原文があればいくらでも出来る。原文はどこでも転がっていてモトデは要らない。短歌の大量生産、大量消費に相応しい方法である。

しかし、それは正シイ〈道〉か？　少なくとも「王道」ではあるまい。

王道を行きたいものである、せつに。

たとえそれがマボロシであっても。

（同）

このような小池の「短歌翻訳説批判」は、彼の詩型観からいえば、彼の「受ける詩型説」と同じものである。しかしながら、両者のニュアンスはまるきり違っている。ここで述べられているのは、その「場」を受ける短歌詩型の本質的な性格に安易に寄り掛かって「モトデ」を要せずに歌おうとする作家に対する批判である。またそれは、一首の背後にある「原文」〈それは歌の外部にある「主題」や作者像といったものだろう〉のおもしろさや時代性ばかりを問題にして、歌そのものの批評をなおざりにしがちな〈読み〉の現在に対するいらだちでもあろう。このような彼の意識は当然彼の作る歌にも反映する。最近彼がさかんに試みている街角の事物を歌った歌もまた、「もの」や「こと」を感情を排し徹底的に描写することによって、歌の背後にあるマンネリ化した作者像や「主題」「時代性」を変革し、矮小化した〈読み〉の場から一首を切り離そうとする試みなのかもしれない。

八十年代後半、岡井隆と小池光は、詞書きや日付を戦略的に利用することによって、意識的に〈読み〉の「場」をかたちづくり時代をリードしてきた。この二人は、短歌のもつ本質的な「臨場性」に対して最も意識的であった歌人なのだ。その二人が今、口裏をあわせるかのように、一首の歌を作者像という〈読み〉の「場」から切り離そうとしている。この二人に共通する、一見不可思議な「一首の屹立性」への希求。そこに僕は、いま短歌という制度の根底を揺るがしている目に見えないものの影を感じざるを得ない。

3

近現代短歌史において「一首の屹立性」が希求されたのは、なにも今が初めてでない。前衛短歌運動の時代、塚本邦雄の論作において主張された「一首の屹立性」は当時の若い歌人たちに圧倒的な影響を与えていた。「一首の屹立性」への希求は今とはくらべものにならないほど切実なものだったのだろう。

そのような時代をふりかえって、当時短歌を始めたばかりであった永田和宏は次のように語っている。

> 単純に読む側の問題として、三十年代に提起されたものの一つは、作者に対する情報量を零にして読むという読み方であった。私が歌を始めた頃、学生短歌会や同人誌などの歌会においては、それは常識以前の問題であるかのように扱われていたし、その源が、塚本邦雄のきっぱりした断言調にあることは明らかであった。（中略）これはもとより一つの極論なのであって、今日、作者に関する情報量を零にして作品だけから入るという事態は、そう多くあるものではない。にもかかわらず、塚本のこれらのマニフェストが力をもっていたのは、それが態度の問題として突出力をもっていたからにほかならない。従来の（そして現在でもそ

の情況はさして変わらないともいえるが）作者べったりの解釈・観賞法から、いかにして作品を解放するか。その一致した目標に向かって、各人がそれぞれの戦略を模索しているという背景を前提にした極論なのであった。

（永田和宏「年譜と読み」『同時代』の横顔[11]）

この発言は、「作者に関する情報量を零にする」〈読み〉が熱狂的に歓迎された、六十年代後半の雰囲気を多分正確に伝えている。このような〈読み〉が熱狂的に歓迎されたのは、おそらく当時の歌人たちの間に「従来の作者べったりの解釈・観賞法から、いかにして作品を解放するか」という切実な問題意識が存在していたからであろう。短歌に思想性や批判性を盛り込もうとした塚本や若い歌人たちにとって、「作品の背後に実在の作者自身をおいて作品を読む」という近代短歌の〈読み〉は、短歌を実在の作者の個人的詠嘆に縛りつけるものとして、切り捨てざるを得なかったものだった。「作者に関する情報量を零にする」読み方は、短歌というものを実在の作者から切り離すためにどうしても必要な処方箋であったといえる。

そのような読み方のもとで、作者とはどんな存在として立ち現れてくるのだろうか。そのような〈読み〉のもとでは、作者は日常を生きるそのままの顔をして一首のなかに登場してくる実在の人物としてではなく、一首という文学的被造物の外部にあってその一首を超越論的なかたちで作り上げる構成主体として想定されることになるだろう。一首を現実の作者から独立したものとして読む、という六十年代の〈読み〉の改革は、作者の概念をも変革する可能性をはらんでいたのである。彼らの目論見では、そのような〈読み〉の改革によって、短歌ははじめて西洋の近代文学がもちえたような「作品を超越論的に構成する主体としての作者」という概念を獲得できるはずだった。

この六十年代の主張と比べると、現在岡井や小池らの口から発せられる「一首の屹立性」の主張は、いささか迫力に欠けている。「今からでも遅くはない。無名《アノニム》の楯へにじり寄って行きたい」(岡井隆)。「王道を行きたいものである、せつに。/たとえそれがマボロシであっても」(小池光)。彼らの言葉のなかにあるのは、「一首の屹立性」を六十年代の塚本や永田のようには信頼し切れないとまどいようなものであろう。

が、僕は岡井・小池の発言のこのような歯切れの悪さのなかに、彼らの時代と詩型に対するある誠実さのようなものを感じるのだ。岡井や小池が、今おそらく漠然と感じとっているのは、「一首の屹立性」が熱烈に主張された六十年代の〈読み〉と、一首の背後に情報としての作者像を置くという八十年代の〈読み〉とを、同時に無効化してしまうような、ひそかな、しかし確実な〈読み〉の枠組みの変化なのだ。

たとえば、そのような〈読み〉の変化を象徴的に表している出来事として、穂村弘の『シンジケート』(平2)の出現がある。

「酔ってるの？あたしが誰かわかってる？」「ブーフーウーのウーじゃないかな」
『シンジケート』

ワイパーをグニュグニュに折り曲げたればグニュグニュのまま動くワイパー

俺にも考えがあるぞと冷蔵庫のドア開け放てば凍ったキムコ

「自転車のサドルを高く上げるのが夏をむかえる準備のすべて」

これらの歌を僕たちはどう読めばよいのか。例えばこれらの歌の背後に、歌集全体を統制する「無気力でしかも浮遊感に満ちた都会に住む若者」という作者像を読み取ることも可能だろう。しかしながら、歌集全体を読み終わったときに感じるのは、そのような作者像というキータームを用いてこの歌集の魅力を語ることの空しさである。例えば、会話をそのまま歌にしたような一首目・四首目のシャープな手ざわり。全く無意味なものでありながら、そのリアルな映像性だけはシャープに僕たちに届いてくる二首目・三首目の物象。何の意味的な脈絡もない一首単位のシャープな手ざわり・リアリティーの集積こそがこの歌集の魅力であって、一首一首の垂線をたどることによってその焦点に一人の人物の顔を感じとろうとするような従来の歌集の〈読み〉は、この歌集には通用しないところがある。

では、この歌集の一首一首の歌を魅力を「一首の屹立性」というキータームで読み解くことが出来るかというと、それもできそうにない。これらの歌には、一首をそれ自体で完成した被造物として構成しようという意図はあまり感じられない。「一首の屹立性」を目指した六十年代の塚本らの歌が、それ自体高度な完成度を持ち、その背後に一首を構成しようとする構成主体の強い影が感じられるのに対して、穂村の歌にはそのようなものはほとんど感じられない。穂村の歌の一首一首の輝きは、一首がそれ自身で閉じられた美的世界として構築されていることによるものではなく、もっと即物的な開かれた感触によっている。

要するに『シンジケート』の歌は、「一首の屹立性」を重視する六十年代の〈読み〉ではどこか読み解けないところが残るし、一首を作者像という「場」において読むという八十年代の〈読み〉でもうまく読み解けないところが残る。この歌集は、それらのふたつの〈読み〉を同時に無効化してしまうのである。

が、ここで決定的に大切なのは、従来の〈読み〉では読み解けないに関わらず、この歌集が短歌の世界で話題となり、多数の読者を獲得したという事実である。そのような短歌読者のなかに、今までの〈読み〉とは異なった〈読み〉が、ひそかに、しかし確実に成立しつつあるのを僕は感じるのだ。

作者像との関連の中で一首を読む八十年代の〈読み〉も、「一首の屹立性」を重視する六十年代の〈読み〉も、一首の外に人間の姿や人間の構成力を措定しようとする点では同じだ。それらの〈読み〉は人間の主体性や理性を前提することなしには成立し得ない近代主義的な〈読み〉のパラダイムである、ということができる。穂村の歌集の出現によって証明されたのは、そのような近代主義的な〈読み〉の有効性がどこかで揺らぎつつあるという事態なのだろう。それを短歌における「ポストモダン」と呼んでもいいのかもしれない。しかしながら僕は、一部の作家や論者のように、その状況を手放しで賞揚する気分にはなれない。

近代主義的な〈読み〉のパラダイムが崩壊する。それは、まぎれもなく、短歌という詩型の存立に関わる危機なのだ。近代の短歌が明確な主題をもち、思想性や批判性を持ちえたのは、一首一首の背後に「何かを伝えたい・主張したい」という「主体」があり、それを信頼しその主張を読み取ろうとする〈読み〉があったからこそであった。作者もまたそのような〈読み〉を信頼して、作品の精度を高めてゆくことができた。短歌が「場」を受ける詩型である、というとき、その「場」とは、究極的には作者・読者が共通してそこに立っているところの「主体性の磁場」であったといえる。その「場」が成立不可能になったとき、従来の近現代短歌はその存立基盤そのものを失ってしまう、といってもよい。

岡井や小池の発言は、実は、そのような状況に敏感に対応しようとしている。彼らが主張する「一首の屹立性」は、決して六十年代の〈読み〉の復活を企てているのではない。あとがきという「場」の力を戦略的に利用する岡井のアクロバティックな試みにも明らかなように、彼らは、いまの状況のなかで意図的に「一首の屹立性」を主張することによって作者像という従来の〈読み〉の「場」をより開かれた「場」へと変革し、活性化しようとしているのではないか、と思われる。それはおそらく、近代主義的な〈読み〉のパラダイムの崩壊のなかで、「臨場性」という短歌の、最後に残された本質的な性格を延命させようとする、ぎりぎりの選択なのだ。

「主体性」という「場」が崩壊しつつある現状を敏感に察知しつつ、短歌の「臨場性」を新たなかたちで活性化しようとする彼らの方法は、ある意味では、時代と詩型の両方を視野に入れた緊急避難的な苦しい両面作戦であろう。しかし、いまの状況のなかで短歌という詩型を新たなかたちで賦活させるのは、威勢のよい「ポストモダン」の言挙げではなく、状況を見つめ詩型の本質を見つめる、痛みをともなった誠実さであるに違いない。

注

(1) 高野公彦『地中銀河』(平6、雁書館)所収。
(2) 大辻隆弘「状況という外部」「歌壇」(平3・5、本阿弥書店)一五六頁〜一五七頁。
(3) 花山多佳子「フィーリング読み」「塔」(平3・6)九頁。
(4) 高野公彦「批評の態度について」「現代短歌雁」(平4・1、雁書館)一一頁。

（5）岡井隆『現代短歌入門』（昭44、大和書房）第四章「場について」。岡井隆コレクション2『短詩型文学論集成』（平7、思潮社）二〇六頁〜二二一頁。
（6）大辻隆弘「失われたものから」（本評論集所収）。
（7）大辻隆弘「私像の時代」（本評論集所収）。
（8）岡井隆『宮殿』（平3、沖積舎）「あとがき」一七九頁。
（9）たとえば、小池光「日付という磁場」『街角の事物たち』（平3、五柳書院）一五七頁。初出は「現代短歌雁」（昭63・10、雁書館）。
（10）小池光「ニューアトランティス八月を読む」「未来」（平3・11）一五〇頁。
（11）永田和宏「年譜と読み」『同時代』の横顔』（平3、砂子屋書房）八六頁〜八七頁。

Ⅳ

若者の歌

――正岡子規一五〇首選感想

正岡子規は生涯に約二千首ほどの歌を作ったといわれている。今回はそこから百五十首を選出してみた。テキストは土屋文明編の岩波文庫『子規歌集』（昭61）に拠っている。

子規といえば、古今和歌集を徹底的に批判したことで知られている。が、彼の歌作は、古今和歌集を聖典とあおぐ桂園派（香川景樹を祖とする旧派和歌の流派）の歌を学ぶところからスタートしている。彼は、古今集の歌風をしっかり学んだ上で、その旧弊さを批判したのである。

そのころの歌風を窺わせるものに明治二十一年の「歌ふ声は遠く聞えて柴舟《しばふね》の霧の中よりあらはれにけり」がある。霧にとざされた視野のなかから、船頭の歌声がかすかに聞こえはじめ、その声が近づきやがて舟が近づいてくる。そんな時間の経過がゆったりとした調べに乗せて歌われている。

この歌でも分かるように、子規の歌は、声に出してみると非常に調べがよい。彼の音感のよさは彼の大きな特長である。その美質は、初学のころ、桂園派の歌を身につけた体験が基礎になっていると思われる。

彼が本格的に歌作に取り組むのは明治三十一年である。「歌よみに与ふる書」（明31）によって和歌改革の狼煙をあげた子規は、みずからも歌の実作を試すことによってさまざまな模索を行ってゆく。

が、彼の歌はきわめて闊達である。彼は晩年、身動きの取れない病人であったが精神は若く自由であった。例えば、明治三十一年に作られた「足たたば不尽《ふじ》の高嶺のいただきをいかづちなして蹈《ふ》み鳴らさましを」以下三首の歌は、自分の脚が壮健であることを仮想し想像の翼を広げたもので、彼の想像力の飛翔が感じられる。

彼は万葉集の歌を自らの肥やしとして摂取している。が、その摂取の仕方はきわめて自由である。万葉の歌で多用される枕詞も、彼の手にかかるときわめて闊達に使われる。例えば「久方のアメリカ人《びと》のはじめにしベースボールは見れど飽かぬかも」（明31）や「花の絵を我に残しし山の井の浅井の君はスエス行くらん」（明33）の「久方の」「山の井の」はそれぞれ「あめ」「浅く」を導き出す枕詞であるが、彼はそれを「アメリカ」「浅井」という固有名詞に接続させている。子規の遊び心の快活さを感じさせる使用法だろう。

子規は晩年五年を「病牀六尺」の世界のなかで暮らした。彼の心を慰めたのは門人をはじめとした多くの人の訪問であった。彼の歌は、そういう門人・友人たちに対するコミュニケーシヨンの手段でもあった。「十四日お昼すぎより歌をよみにわたくし内へおいでくだされ」（明32）や「人がたを入れたる鑵《くわん》を携《たづさ》へて秀真《ほづま》がり行く途中気をつけよ」（明33）といった口語を交えた挨拶歌には、彼の人懐っこい性格の反映がある。

子規は評論において「写生」の重要性を説いた。が、それは決して頭でっかちの認識論ではなく、自分の目でみたものを言葉に置き換える楽しさ・嬉しさに基礎づけられたものだったと思われる。

明治三十三年に高濱虚子の好意によって病室の障子戸にガラスが嵌められた。子規はそこから見える庭の風景をことのほか喜び、自分の目に入ってくる庭の情景を嬉々として言葉でスケッチしていった。「冬ごもる病の床のガラス戸の曇りぬぐへば足袋《たび》干せる見ゆ」「ともし火の光に照す窓の外の牡丹《ぼたん》にそそぐ春の夜の雨」「くれなゐの二尺伸びたる薔薇《ばら》の芽の針やはらかに春雨のふる」といったこの時期の歌には、目に映るものを素直に言葉に移し替える歓びが充ち溢れている。それは期せずして、余計な含意や情緒を排したリアリズム的な言語の清新さを短歌の世界に導き入れることとなった。

明治三十四年晩春、病が篤くなった子規は「しひて筆を取りて」という十首の連作を作る。この十首はすべてこの百五十首選のなかに採用した。「佐保神《さほがみ》の別れかなしも来《こ》ん春にふたたび逢はんわれならなくに」以下の十首がそうである。万葉集の語法を自家薬籠中の物とした子規が、人生最後の春が去ってゆく感慨を歌った歌々である（実際には翌年も生き延びたのだが）。彼の歌作の結実ともいえる絶唱といえるだろう。

明治三十五年九月、正岡子規は三十五歳で逝去する。私たちはともすれば彼の人生を成熟の相のもとに眺めてしまう。が、彼の歌は、そのような悲劇的人生から遊離した若者の快活な心の動きのドキュメントである。子規の歌はまぎれもなく若者の歌なのだ。

正岡子規一五〇首選

たちならぶあまのいそ家《や》のたえ間より岩うつ波の音ぞ聞ゆる　明18

檐《のき》の端《は》にうゑつらねたる樫《かし》の木の下枝《しづえ》をあらみ白帆行く見ゆ　明21

歌ふ声は遠く聞えて柴舟《しばふね》の霧の中よりあらはれにけり

隣にも豆腐の煮ゆる音すなり根岸の里の五月雨《さみだれ》の頃　明25

世の人はさかしらをすと酒飲みぬあれは柿くひて猿にかも似る　明30

御仏《みほとけ》にそなへし柿ののこれるをわれにぞたびし十《とを》まりいつつ

柿の実のあまきもありぬ柿の実のしぶきもありぬしぶきぞうまき

靄《もや》深くこめたる庭に下《お》り立ちて朝の手すさびに杜若《かきつばた》剪《き》る　明31

朝日さす小池の氷半《なか》ば解けて尾をふる鯉《こひ》のうれしくもあるか

わが船は大海原《おほうなばら》に入りにけり舳《へさき》に近くいるか群れて飛ぶ
紅《くれなゐ》の大緒《おほを》につなぐ鷹匠《たかじやう》の拳《こぶし》をはなれ鷹飛ばんとす
菅《すが》の根の長き春日《はるひ》を端居《はしゐ》して花無き庭をながめくらしつ
くれ竹の根岸の里の奥深く我《わ》がすむ宿は鶯に聞け
うらうらと春日《はるひ》さしこむ鳥籠の二尺の空に雲雀《ひばり》鳴くなり
春風の利根《とね》のわたりに舟待てば雲雀鳴くなり筵帆《むしろほ》の上に
わが庭の垣根に生ふる薔薇《ばら》の芽の莟《つぼみ》ふくれて夏は来にけり
立ち並ぶ榛《はん》も槻《けやき》も若葉して日の照る朝は四十雀《しじふから》鳴く
きのふ見し花の上野の若葉陰《わかばかげ》小旗なびきて氷売るなり
久方のアメリカ人《びと》のはじめにしベースボールは見れど飽かぬかも
足たたば不尽《ふじ》の高嶺のいただきをいかづちなして踏《ふ》み鳴らさましを
足たたば北インヂヤのヒマラヤのエヴェレストなる雪くはましを
足たたば新高山《にひたかやま》の山もとにいほり結びてバナナ植ゑましを

夏菊の枯るる側《そば》より葉雞頭《はげいとう》の紅《くれなゐ》深く伸び立ちにけり
椎《しひ》の樹に蜩《ひぐらし》鳴きて夕日影ななめに照すきちかうの花
吉原の太鼓聞えて更《ふ》くる夜にひとり俳句を分類すわれは
人皆の箱根伊香保と遊ぶ日を庵《いほ》にこもりて蠅《はへ》殺すわれは
わが憩《いこ》ふうしろの森に日は落ちてあたまの上に蜩《ひぐらし》の啼く
なむあみだ仏つくりがつくりたる仏見あげて驚くところ
もんごるのつはもの三人《みたり》二人立ちて一人すわりて楯《たて》つくところ
木《こ》のもとに臥《ふ》せる仏をうちかこみ象蛇どもの泣き居《を》るところ
臥しながら雨戸あけさせ朝日照る上野の森の晴をよろこぶ
朝牀《あさどこ》に手洗ひ居れば窓近く鶯《うぐひす》鳴きて今日《けふ》も晴なり
うららかにぬくき日和《ひより》ぞ野に出でて桃咲くを見ん車やとひ来《こ》
第一に線の配合その次も又その次も写生写生なり
いちはやく牡丹の花は散りにけり我がいたつきのいまだいえなくに

明32

人丸の後《のち》の歌よみは誰《たれ》かあらん征夷大将軍みなもとの実朝《さねとも》

夏の夜の月をすずしみひとり居る裸に露の置く思ひあり

肩《かた》なめて写しし友は今は無し病みさらぼひて世に残る吾よ

四年前写しし吾にくらぶれば今の写真は年老いにけり

おのが身しいたはしければ病みこやす君が床辺をとひがてぬかも

青空に聳《そび》ゆる庭のかまつかは我にあるけといへるに似たり

夏されば茨《いばら》花散り秋されば芙蓉《ふよう》花咲く家に書《ふみ》あり

人あまたののしる声の近づきて檜葉《ひば》の森より檜葉担《にな》ひ出づ

武蔵野の空の限りのつくばねは我が居る家より低くおもほゆ

岡の茶屋にわが喰ひ残す柿の種投げば筑波《つくば》にとどくべらなり

暁の寒く晴れたる庭にいでて雞頭《けいとう》を伐《き》る冬は来にけり

鄙《ひな》にてはぎをんぼといふ都にて蜂屋ともいふ柹の王《わう》はこれ

あぢはひを何にたとへん形さへ濃き紅の玉の如き柹

新室《にひむろ》に歌よみをれば棟《むね》近く雁《かり》がね啼《な》きて茶は冷えにけり

水茎《みづくき》のふりにし筆の跡見ればいにしへ人は善く書きにけり

新しき庭の草木の冬ざれて水盤の水に埃《ほこり》うきけり

色厚く絵の具塗りたる油絵の空気ある画をわれはよろこぶ

牛を割《さ》き葱《ねぎ》を煮あつきもてなしを喜び居ると妻の君にいへ

我が口を触れし器《うつは》は湯をかけて灰すりつけてみがきたぶべし

家と家のあはひの坂を登り行けば広場を前に君の家あり

十四日お昼すぎより歌をよみにわたくし内へおいでくだされ

風呂敷の包を解けば驚くまいか土の鋳型《いがた》の人が出た出た

足引《あしびき》の山本君は処しらず歌まはしおきぬ岡君のもとへ

鹿の歌を選みし歌と君の歌と二枚に分けて書き送りたまへ

テーブルの足高机うち囲み緑の蔭に茶をすする夏

秋の夜を書《ふみ》よみをれば離れ屋に茶をひく音のかすかに聞ゆ

明33

いたつきの閨《ねや》のガラス戸影透きて小松の枝に雀飛ぶ見ゆ

朝な夕なガラスの窓によこたはる上野の森は見れど飽かぬかも

冬ごもる病の床のガラス戸の曇りぬぐへば足袋《たび》干せる見ゆ

物干《ものほし》に来居《きゐ》る鴉《からす》はガラス戸の内に文《ふみ》書く我見て鳴くか

常伏《とこぶし》に伏せる足なへわがためにガラス戸張りし人よさちあれ

ビードロの駕《かご》をつくりて雪つもる白銀《しろがね》の野を行かんとぞ思ふ

暁の外の雪見んと人をして窓のガラスの露拭《ぬぐ》はしむ

大森の汽車を下りて門《もん》を入れば海を南に梅咲ける岡《をか》

牛むれて帰る夏野の夕ばえのかがやく色をたくみにかきぬ

ともし火の光に照す窓の外の牡丹《ぼたん》にそそぐ春の夜の雨

花の絵を我に残しし山の井の浅井の君はスエス行くらん

蕗《ふき》の花うゑし小鉢《こばち》のかたはらに取りみだしたる俳書歌書字書

春の夜の衣桁《いかう》に掛けし錦襴《きんらん》のぬひの孔雀《くじやく》を照すともし火

くれなゐのとばり垂れたる窓の内に薔薇《ばら》の香《か》満ちてひとり寐る少女《をとめ》
美人問へば鸚鵡《あうむ》答へず鸚鵡問へば美人答へず春の日暮れぬ
三《み》とせ臥《ふ》す我にたぐへてくろがねの人屋《ひとや》にこもる君をあはれむ
うららかにガラスを照す春の日ににはかに曇り雹《ひよう》降り来る
詩をつくる友一人来て青柳《あをやぎ》に燕《つばめ》飛ぶ画をかきていにけり
歌をよみにつどひし人の帰る夜半《よは》を花を催《もよほ》す雨滝の如し
実方《さねかた》の墓辺に生ひしやぶかうじ人に抜かれて歌によまれけり
渾沌《こんとん》が二つに分れ天《あめ》となり土となるその土がたわれは
人がたを入れたる鑵《くわん》を携《たづさ》へて秀真《ほづま》がり行く途中気をつけよ
茶博士《ちやはかせ》をいやしき人と牛飼をたふとき業《なり》と知る時花咲く
本所《ほんじよ》の四つ目に咲けるくれなゐの牡丹《ぼたん》燃《も》やして悪き歌を焚《た》け
雨にして上野の山をわがこせば幌《ほろ》のすき間よ花の散る見ゆ
ともし火の光さしたる壁の上に土人《つちひと》がたの影写りけり

くれなゐの光をはなつから草の牡丹の花は花の王《おほぎみ》

くれなゐの二尺伸びたる薔薇《ばら》の芽の針やはらかに春雨のふる

「藤の花長うして雨ふらんとす」とつくりし我が句人は取らざりき

はしきやし少女《をとめ》に似たるくれなゐの牡丹の陰にうつうつ眠る

松の葉の葉毎に結ぶ白露の置きてはこぼれこぼれては置く

ガラス戸の外に据《す》ゑたる鳥籠のブリキの屋根に月映《うつ》る見ゆ

ほととぎす鳴くに首あげガラス戸の外面《とのも》を見ればよき月夜なり

月照す上野の森を見つつあれば家ゆるがして汽車行き返る

ぬば玉の黒毛《くろげ》の駒《こま》の太腹《ふとはら》に雪解《ゆきげ》の波のさかまき来《きた》る

真砂《まさご》なす数なき星の其《そ》の中《なか》に吾に向ひて光る星あり

年々《としどし》にながめことなる我が庭の今年《ことし》の秋は菊多かりき

霜枯《しもがれ》の垣根に赤き木《こ》の実《み》は何《な》ぞ　雪ふらば雪の兎の眼《まなこ》にはめな

我が庵の硯の箱に忘れありし眼鏡取りに来《こ》歌よみがてら

夜にしなれば病みこやる身の熱はあれど歌の手紙を二つ書きたり
原千代子《はらちよこ》きのふ来《きた》りてくさぐさの話ききたりかすてら喰ひつつ
あめつちのそきへのきはみわが顔に似るちふものは我がかほならし
みちのくのあだたら真綿《まわた》肌につけ寒きゆふべは君し思ほゆ
瓶《かめ》にさす藤の花ぶさみじかければたたみの上にとどかざりけり
瓶《かめ》にさす藤の花ぶさ一ふさはかさねし書《ふみ》の上に垂れたり
藤なみの花をし見れば奈良のみかど京《きやう》のみかどの昔こひしも
この藤は早く咲きたり亀井戸の藤咲かまくは十日《とをか》まり後《のち》
八入折《やしほり》の酒にひたせばしをれたる藤なみの花よみがへり咲く
佐保神《さほがみ》の別れかなしも来《こ》ん春にふたたび逢はんわれならなくに
いちはつの花咲きいでて我が目には今年《ことし》ばかりの春行かんとす
病む我をなぐさめがほに開きたる牡丹《ぼたん》の花を見れば悲しも
世の中は常なきものと我が愛《め》づる山吹の花散りにけるかも

明34

別れゆく春のかたみと藤波の花の長ふさ絵にかけるかも
夕顔の棚《たな》つくらんと思へども秋待ちがてぬ我がいのちかも
くれなゐの薔薇《うばら》ふふみぬ我《わ》が病《やまひ》いやまさるべき時のしるしに
薩摩下駄《さつまげた》足にとりはき杖つきて萩の芽摘みし昔おもほゆ
若松の芽だちの緑長き日を夕かたまけて熱いでにけり
いたつきの癒《い》ゆる日知らにさ庭べに秋草花の種《たね》を蒔《ま》かしむ
いにしへゆ今につたへてあやめふく今日《けふ》のもちひをかしは葉に巻く
みどり子のおひすゑいはふかしは餅われもくひけり病癒《やまひい》ゆがに
色深き葉広がしはの葉を広みもちひぞつつむいにしへゆ今に
竜岡《たつをか》に家居る人はほととぎす聞きつといふに我は聞かぬに
逆剝《さかはぎ》に剝《は》ぎてつくれるほととぎす生けるが如し一声《ひとこゑ》もがも
ほととぎす鳴くべき月はいたつきのまさるともへば苦しかりけり
今日明日《けふあす》に君来まさずば我が庭の牡丹の花の散り過ぎんかも

去年《こぞ》君がたびし牡丹《ぼたん》も今日《けふ》已《すで》につぼみやぶれて紅《くれなゐ》の見ゆ
藤の歌山吹のうた歌又歌歌よみ人に我なりにけり
雨のふる牡丹の花に傘《かさ》すれば妬《ねた》み顔なる垣の山吹
我が庭の三《み》もと松伐りあはれ深き千草《ちぐさ》の花に日の照るを見ん
下《しも》ふさのたかし来《きた》れりこれの子は蜂屋《はちや》大柹《おほがき》吾にくれし子
下総《しもふさ》のたかしはよき子これの子は虫喰栗《むしくひぐり》をあれにくれし子
春ごとにたらの木《こ》の芽《め》をおくりくる結城《ゆふき》のたかし吾は忘れず
くれなゐの梅ちるなべに故郷《ふるさと》につくしつみにし春し思ほゆ
わが病める枕辺近く咲く梅に鶯なかばうれしけんかも
鉢植《はちうゑ》の梅はいやしもしかれども病の床に見らく飽かなく
紅《くれなゐ》のこぞめと見えし梅の花さきの盛りは色薄かりけり
枕べに友なき時は鉢植の梅に向ひてひとり伏し居り
玉づさの君の使は紫の菫《すみれ》の花を持ちて来《こ》しかも

明35

やみてあれば庭さへ見ぬを花菫《はなすみれ》我が手にとりて見らくうれしも

うち日さす都の君の送り来《こ》し菫の花はしをれてつきぬ

一たびもいまだ見なくにわがためにすみれの花をつみし君かも

なぐさもるすべもあれとか花菫《はなすみれ》色あせたれどすてまくをしも

赤羽根《あかばね》のつつみに生《お》ふるつくづくしのびにけらしも摘む人なしに

赤羽根に摘み残したるつくづくし再び往かん老い朽《く》ちぬまに

つくづくし摘みて帰りぬ煮てや食はんひしほと酢《す》とにひでてや食はん

つくづくし長き短きそれもかも老いし老いざる何もかもうまき

つくづくし故郷《ふるさと》の野に摘みし事を思ひいでけり異国《ことぐに》にして

わが心世にしのこらばあら金《がね》のこの土くれのほとりにかあらん

市に住めば水の患《うれひ》あり山を買へば火のうれひあり火の患《うれひ》君は

後記

歌を作りはじめた頃の興奮がいまだに忘れられない。短歌の定型のなかに入れるやいなや、急に輝きを増す言葉たち。その輝きが、僕には、不思議に魅惑的であった。その定型の魔力のなかに、みずからの身を投げ出す快感が、今なお自分と短歌とを結びつけている。

しかしながら僕は、その一方で、その魔力の源泉がどこにあるのか、という疑問を常に胸に抱いてきた。一見、実作と何の関わりもない評論を書くという行為は、その魔力の源泉を見極めてみたい、という僕の関心によって衝き動かされている。「僕は、このような短歌の慰藉機能に溺れたくはない。自分を癒してくれる短歌の機能に対して、常に自覚的であろう、と思う」。かつて僕は、第一歌集『水廊』の後記にそう書いたが、僕のその願いは、短歌の実作のなかでではなく、評論という分野で満たされていったようだ。

短歌定型の魔力のなかに陶然と身を委ねながら短歌を作る自分。その一方で、妙にひややかに定型というものの機能を解析している自分。僕のなかでは、実作者としての自分と批評家としての自分がかなり明確に分けられている。それは自分でも不思議なほどだ。そのふたつの自分の間を往還することにこそ、僕自身の存在意義があるのだ、と今は考えておくしかない。『水廊』を出した平成元年より平成七年にいたる七年間に書いた文章のなかから、二十編を選び、すべての文章に手を加えた上でここに再録した。おもに僕の三十代前半に書いた文章群ということになる。内容にしたがって便宜的に三つの章段に分けてみた。

Ⅰの部分には、近現代短歌の基本的な枠組みの成立について考察した二編を収めた。この評論集の総論的な役割を担った部分である。「私というパラダイム」では、正岡子規における文体改革の意義を見つめながら、歌の背後に一人の人物の姿を見るという〈読み〉の成立起源を確かめた。また「活字メディアの成立と近代短歌」は、活字という媒体の成立が短歌に与えた影響を述べた文章で、「私というパラダイム」の補論的な役割を担っている。この部分で提示した考察の枠組みはⅡ以下の各論においてさまざまな形で生かされている。

Ⅱの部分には、近代歌人・現代歌人の歌人論を収めた。この評論集の中心を成す部分である。ただ、歌人論といっても、批評の対象はほとんどの場合、それぞれの歌人の一冊の歌集に限られており、その意味では歌集論、あるいは、作品論の集積であるといった方が正しいのかもしれない。小池光から正岡子規まで、近現代短歌の歴史を溯るような形で各論を配置したが、それは、僕たちの時代の歌人たちと、近代短歌の歌人たちが同一の枠組みのなかにいることを示したかったからである。近現代短歌は明治三十年初頭子規の改革によって生まれ、この世紀の終焉とともにひとつの使命を終えようとしているかに思われる。いわば二十世紀の落とし子ともいえるこの異形の詩を、ひとつの連続相のもとにとらえてみたい。現代短歌・近代短歌の歴史を溯行することの背後には、そのような僕自身の思いがある。

「失われたものから」「関係性としての耳」「侵犯する自然」の三編は、小池光・河野裕子・伊藤一彦という僕より一世代上の敬愛する歌人たちについて述べた比較的初期の文章である。今読みなおしてみると、歌における「他者性」というものに注目しようとしていたその頃の僕の関心がこれらの論の背後に流れているような気がする。三氏は昨年末に『草の庭』『歳月』『海号の歌』という注目すべき新歌集を発表し、これらの評論を書いた時点から新たな展開を見せているが、ここでは触れることができなかった。

「アララギ的文体というボディー」「岡井隆が問いのこしたもの」「定型という外部」の三編は、岡井隆・塚本邦雄という前衛短歌の旗手たちについて述べたものである。彼らが短歌定型をどのように捉えていたか、という問題に僕の興味は集中している。「岡井隆が問いのこしたもの」を書いた背後には、いわゆる歌会始選者問題に対する僕自身の複雑な気持ちがあった。また、分量の関係で収録することはできなかったが、短歌定型の歴史性について僕自身の考えを述べた文章に「定型という名の装置」(「未来」平2・11)という古代歌謡論がある。この評論の補論として目を通していただけるとありがたい。

「『瘤のごときもの』について」と「あてどなさの構造」は、宮柊二・佐藤佐太郎という戦後派歌人の文体的な模索を検証することにより、戦後短歌というものが切り開いた表現の可能性を再確認した文章である。戦後短歌というものが、どのような表現論的な基盤に立っていたのかという興味関心は、前川佐美雄の戦中期・戦後期を考察し、期せずして島瀬信博氏や三枝昂之氏との論争に発展した「反転する自然」「仮構された私性」にも共通している。

「澄明と、混沌と」「我を涼しく朝床に置く」「萩原朔太郎における詩と短歌」の三編は、滝沢亘・稲森宗太郎という僕の愛する歌人や、朔太郎の短歌について書いたエッセイ群である。また「調べから韻律へ」「正岡子規の二面性」というふたつの子規論は、日本的近代との関係において子規という人間をとらえようとした文章である。Ⅰの部分のはるかな反響としての性質をもった文章である、といってもよいだろう。

Ⅲの部分には、やや状況論的色彩の濃い「私《わたくし》像の時代」「短歌的主題と私性」「一首の屹立性について」の三編を収めた。「私《わたくし》像」というキータームを用いて八十年代後半から九十年代初頭の短歌の状況を読み取ろうとした文章である。僕が短歌に関わったこの十年間は、近現代短歌を貫いた〈読み〉の枠組みが改めて強化され、その後いつの間にか、ぐずぐずとなし崩し的に解体されていった時代だったのかもしれないな、とも思う。

『水廊』『ルーノ』に続いて、この評論集の出版についてもまた田村雅之氏のお世話になった。岡井隆先生はじめ未来短歌会の皆さん、「ノベンタ」の仲間たち、荒神橋歌会・東桜歌会の皆さん、大塚寅彦氏をはじめ木馬セッションの皆さん、小池光氏、書く機会を与えていただいた結社誌・同人誌・個人誌・総合誌の編集者の方々……。数々の方々との出会いや触れ合いによって僕は支えられてきた。厚くお礼申しあげる。特に小塩卓哉氏には、ここに収めたほとんどすべての文章について、文章や口頭で批評や感想の言葉をいただいている。また本書の構成についても心のこもったアドバイスをいただいた。氏の長年にわたる友情に心から感謝する。

最後に、学生時代僕に哲学を講じて下さった佐藤三千雄・丸山徳次両先生にお礼の言葉を述べたい。学校を出てから十年以上経て、やっと現象学講義の宿題を提出した……。心の底のどこかに、そんなほっとした気持ちも少しはあるのである。

一九九六年三月

新版・後記

この書の原著『子規への溯行』（初版）は、一九九六年（平成八年）四月二十八日に砂子屋書房から発行された。私の第一評論集である。

当時、私は三十五歳だった。『子規への溯行』という書名は、当時熱心に読んでいた柄谷行人の著作『内省と遡行』から取った。一九八〇年代に学んだ新しい文学批評の眼差しでもって近代短歌の総体を見つめてみたい、この書名にはそのころの私のそんな願いが籠められている。

さいわいに、ここ数年、若い歌人の間で、いくたびかこの書が話題となった。それにともなって「読んでみたい」という声を多くいただくようになった。初版はすでに絶版となっており、その声に応えられないのが、著者としては非常に残念だったのである。このたび、この書が再び日の目を見て、その声に応えることができるようになった。これ以上の喜びはない。

今回、改めてこの書を読み直してみて、私の短歌観はほぼこの時期に完成していたのだな、と感じた。

この書を出版した後、私は『アララギの脊梁』『近代短歌の範型』『子規から相良宏まで』といった数冊の近現代短歌論を纏めることになるのだが、それらの著作のなかの私性や時間性の分析、助詞・助動詞への注視といった私の短歌評論の特徴は、すでにこの書のなかに明確に現れ出ている。それを思うと、ほんのすこしではあるが、全身全霊を傾けて歌を論じようとしていた四半世紀前の自分を誇らしく感じた。その若い思いが、この書を読んでくださる皆さんにわずかなりとも伝われば、と思う。

新版を出すにあたって、初版の誤植や引用ミスと誤植のいくつかを訂正した。また、巻末のⅣの部分に子規の短歌の抄録とその解説を増補した。子規の短歌に少しでも触れていただければ幸いである。

このたびも山吹明日香氏に校閲をしていただいた。ありがとうございました。この書の発行を決断してくださった真野少氏に、心より感謝の意を捧げます。ありがとうございました。

二〇一七年七月

初出一覧

Ⅰ

私というパラダイム「ノベンタ」第4号、一九九二年（平4）4月
活字メディアの成立と近代短歌「短歌」（中部短歌）、一九九三年（平5）3月

Ⅱ

失われたものから「未来」、一九八九年（平元）3月
関係性としての耳「歌壇」、一九九二年（平4）11月
侵犯する自然「梁」第40号、一九九二年（平4）4月
アララギ的文体というボディー　現代短歌文庫『岡井隆歌集』（砂子屋書房）解説、一九九五年（平7）6月
岡井隆が問いのこしたもの「路上」第67号、一九九三年（平5）5月
定型という外部「ノベンタ」創刊号、一九九〇年（平2）9月
澄明と、混沌と「現代短歌雁」第32号、一九九五年（平7）3月

「瘤のごときもの」について「現代短歌雁」第30号、一九九四年（平6）7月
あてどなさの構造「ノベンタ」第7号、一九九六年（平8）4月
反転する自然「歌壇」、一九九四年（平6）6月
仮構された私性「歌壇」、一九九四年（平6）8月
我を涼しく朝床に置く「短歌」（角川短歌）、一九九五年（平7）7月
萩原朔太郎における詩と短歌「白」第7号、一九九五年（平7）6月
調べから韻律へ「未来」、一九九三（平5）年12月
正岡子規の二面性「ノベンタ」第5号、一九九二年（平4）12月

Ⅲ

私像の時代「ゆにぞん」第23・24合併号、一九九一年（平3）5月
短歌的主題と私性「ノベンタ」第3号、一九九一年（平3）9月
一首の屹立性について「短歌」（中部短歌）、一九九二年（平4）3月

Ⅳ

若者の歌「現代短歌」、二〇一七年（平29）5月

著者略歴

大辻隆弘（おおつじ・たかひろ）
一九六〇（昭35）年三重県生まれ。龍谷大学大学院文学研究科（哲学）修了。一九八六（昭61）年未来短歌会入会。岡井隆氏に師事。現在、「未来」選者、「レ・パピエ・シアンⅡ」代表。現代歌人集会理事長、中部日本歌人会副委員長、現代歌人協会会員、日本文藝家協会会員。三重県立高等学校教諭。
歌集：『水廊』（一九八九）、『ルーノ』（一九九三）、『抱擁韻』（一九九八・第二十四回現代歌人集会賞）、『デプス』（二〇〇二・第八回寺山修司短歌賞）、『夏空彦』（二〇〇七）、『兄国』（二〇〇七）、『汀暮抄』（二〇一二）、『景徳鎮』（二〇一七）
歌書：『子規への溯行』（初版・一九九六）、『岡井隆と初期未来』（二〇〇七）、『時の基底』（二〇〇八・第十八回中部日本歌人会梨郷賞）、『アララギの脊梁』（二〇〇九・第八回日本歌人クラブ評論賞・第十二回島木赤彦文学賞）、『対峙と対話』（二〇〇九・吉川宏志氏と共著）、『近代短歌の範型』（二〇一五・第三回佐藤佐太郎短歌賞）、『子規から相良宏まで』（二〇一七）

現代短歌社選書

新版 子規への遡《そ》行《こう》

発行日 二〇一七年十月十四日

著 者 大辻隆弘
〒五一五―〇二一二
松阪市稲木町一一六三―三

定 価 本体二六〇〇円＋税

発行人 真野 少

発 行 現代短歌社
〒一一三―〇〇三三
東京都文京区本郷一―三五―二六
電話 〇三―五八〇四―七一〇〇

発 売 三本木書院
〒六〇二―〇八六二
京都市上京区河原町通丸太町上る
出水町二八四

装 丁 かじたにデザイン

印 刷 日本ハイコム

ISBN978-4-86534-219-2 C0092 ¥2600E